自分をリセットして、願いを叶える！「引き寄せ」練習帖

奇跡を実感する！

Workbook of the Law of Attraction

水谷友紀子

Yukiko Mizutani

講談社

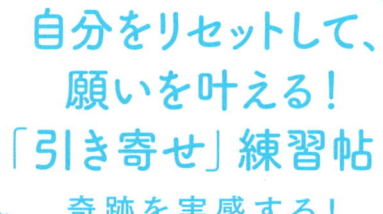

プロローグ：「奇跡」はいつだって、どこだって起きるのです

やっぱり夢が叶うのって本当に嬉しい！

今年の春、久しぶりにちょっとまとまったお休みが取れたので、「太平洋の楽園」として名高いパラオ共和国にバカンスに行ってきました。「どうしてパラオに？」と思われた方もいらっしゃるかもしれませんが、このバカンスには確固たる目的がありました。実は、私には以前から「イルカと一緒に泳ぎたい！」という夢があったのですが、それを自分に叶えてあげるためだったのです。

いつだったかテレビを観ていたときにパラオの旅行番組に遭遇し、パラオには世界最大のイルカの飼育施設があること、そして、そこでは一般人もイルカと一緒に泳ぐことができるという情報を得ていたのです。その瞬間、「絶対ここに行く！」と決めていました。

そして、実際にイルカと一緒に海に潜り、右と左をイルカに囲まれながら泳ぐという貴重な体験を生まれて初めてしたのですが、まるで自分もイルカになってしまったかのような、それはもう言葉ではどうにもこうにも言い表せないほどの神秘的で感動的な経験をしてきました。その直後に私の心から込み上げてきた思いは、ただひたすら「宇宙ってすごい！　本当にすごい！　地球ってなんて素敵なんだろ〜っ！」というものだけでした。

それから数ヵ月が経った今でも「右を見てもイルカ！　左を見てもイルカ！」の光景がたびたび心に浮かんできては、あのときの「えも言われぬほどの深い感動と感激」を何度も何度も味わっています。「ああ、夢を叶えるって本当に本当に素晴らし〜い！」

そして、いつものように また「奇跡」は起きた

さて、今回のパラオ旅行で、また笑っちゃうような「奇跡」が2つほど起こりました。まずは、そのひとつ目をお話ししましょう。

今回は、飛行機とホテルがセットになっているツアーを申し込んでいたのですが、そのオプショナルツアーをよくよく見てみると、パラオで行きたい所や体験したいことがすべてカバーされていて、しかも最大の目的である「イルカの施設での体験」もちゃんと入っていたので、そのオプショナルツアーを事前に申し込むことにしたのです（そもそもの私は海外旅行に行くときにオプショナルツアーを事前に申し込むタイプではなく、自分で勝手に好きなときに好きな所に行くのですが）。そして、オプショナルツアーを申し込んだことで、「これでイルカにも無事会える！」とすっかり安心しきっていました。

ところが、パラオに出発するほんの数日前のことです。もう一度、旅行のパンフレットを見て

いて、なんだか「ん？」と思ったのです。「このオプショナルツアーで本当にイルカと一緒に泳げるのだろうか？」と。以前、テレビでパラオに世界最大のイルカの飼育施設があると知ったときに、私はその施設をインターネットですぐに調べ、自分のパソコンの「お気に入り」に入れていたので、早速その施設のホームページを再度じっくり確認してみました。

すると、大変！　すでに申し込みを済ませたオプショナルツアーでは、イルカに触れたり、イルカの背びれにつかまって引っ張ってもらうことくらいしか体験できず、私が夢にまで見ていた「水中で一緒に泳ぐ」ということが、どうやらできないことが判明しました。

「やだ〜っ！　今回の最大の目的はイルカと一緒に泳ぐことよ！」そう叫びそうになった私は、数日後に出発が迫る中、慌ててそのパラオの施設に「イルカと一緒に泳ぐ体験」の申し込みを直接ネットでしたのです。幸い、パラオでの最終日の予定を丸々空けていたので、その日に「イルカと一緒に泳ぐ体験」を入れようと思いました。

翌朝、その施設からメールが来ました。「残念ながら、お客様のお申し込み日はすでにご予約でいっぱいです」そのとき、ほんの一瞬だけ「え〜っ！　うっそ〜！」と思いましたが、すかさず「あれれ？　そう言えばあまりに慌てていて、事前にビジュアライゼーション（想像する）してなかったな」と思い出し、「じゃあ、今から早速やっとこ〜！」とビジュアライゼーションしました。もちろん私が描いたイメージは、「お客様にご予約いただけることになりました！」というメールをその施設から受け取り、「やった〜!!」と私が狂喜乱舞しているところです。

そして、それから約2時間後のこと。突然、またパラオのイルカの施設からメールが入りました。早速それを開けてみると、「先ほどは大変失礼いたしました。ご希望日の○月○日ですが、お受けできませんとお伝えしましたが、お受けすることが可能になりました」と。

ここで私がいつものようにお腹を抱え、ひとりゲラゲラ笑い出したのは言うまでもありません。ふだんだったら「どうして突然こうなったのか？（理由はもちろん私がビジュアライゼーションしたからなのですが……）」その理由が知りたくて、「なにが起こったのですか？」と尋ねるところなのですが、相手は面識もない「海外の施設の方」だったので、このときばかりは訊くのをやめておきました。それにしても、なんとあっけなく、なんと簡単に奇跡は起こってくれるのでしょう！

身体だって、ちゃんと言うことをきいてくれるのです

さて、次にもうひとつの笑っちゃうような「奇跡」をお話ししましょう。いよいよイルカと一緒に泳ぐ日のことです。それはもう嬉しくて嬉しくて、ワクワクルンルンしながら施設に飛んでいきました。事前に「潜る」ということは施設の方から聞いてはいたのですが、「まあ、泳げればなんとかなるのよね?」と、私は軽〜く考えていました。

ところが、いざイルカと泳ぐ直前になって、「では、今からこちらで潜水(素潜り)の練習をしてください」と、イルカのインストラクターの方に言われてしまったのです。「えっ? なにっ? そもそも潜水ができなきゃいけないの?」私はちょっと焦ってしまいました。

実は、なにを隠そう、そもそも「泳ぐ」こと自体が25年ぶりくらいだったからです(笑)。20代の半ばに友人とタイのプーケットに行ったときにシュノーケリングをしたのが最後だと記憶しています。その後、ハワイやバリなど海のあるリゾート地を旅行したときも、海の景色は見るも

のの、「泳ぐ」なんてことからはすっかり遠ざかっていました。そもそも水着だって、今回の「イルカ」に合わせて黒とシルバーの色のものをウン十年振りに調達したほどだったのです(笑)。

しかも、私はそもそも「泳ぐ」ことが得意ではありません。子どもの頃は、こう見えても「スポーツ万能少女」と呼ばれたものですが、まだ泳げない頃に叔母に海の沖で放り投げられた経験があるせいか、「泳ぐ」ことだけはなんだか苦手になってしまいました。小学生の頃に「潜水」は何回かやったような記憶はありますが、ちょっとそれって何年前のこと……？　「やだ、もう40年も昔のことよっ！（笑）」

そんなこんなが一瞬頭を過《よぎ》ったのですが、「ま、なんとかなるでしょ！」と思い、インストラクターの「ハイ、では潜りましょう！」という合図で「エイッ！」と40年ぶりの潜水に挑戦！　しかし、何度挑戦してみても、頭は下がってくれるのですが、身体が全然沈んでいかないのです。つまり、いつもお尻から足が水面上にあって、身体が「く」の字の状態（笑）。インストラクターたちも苦笑い……。

そして、「潜水」ができないまま、いよいよイルカと泳ぐ「本番の時間」が来てしまいました。そのとき、インストラクターが、ふとこう呟いたのです。「ここでできなくても、実際にイルカと泳ぎ出すと急に潜水できちゃう方が稀《まれ》にいらっしゃいますから」それを聞いた瞬間、私は「あっ！　それって私のことだ！」と思ったのです。そして、なぜか完全に安心しきったままイルカの待つところへと歩いていきました。

さて、いよいよ本番です。インストラクターが「イルカたちが来ましたよ〜！　ハイ、みなさん、今です！　潜って〜っ！」と叫んだのと同時に、私は興奮しながら潜り始めました。すると、どうでしょう！　ふと気がつけば、イルカたちと同じくらいの水深で自分が泳いでいるではありませんか！

水面に顔を出してみると、インストラクターたちが笑いながら「上手にできてますよ〜、潜水！」と、手を叩きながらはしゃぎまくってくれていました。そして、イルカとの遊泳が無事に終わって陸に上がったとき、今度は一緒にパラオに来ていた引き寄せ上手の友人がゲラゲラと笑い転げていました。「さすが引き寄せの達人よね〜、あの『くの字』状態から、突然『潜水』できちゃうなんて」と。

さあ、自分自身も自分の人生も、自分の思い通りに創り上げていきましょう！

よく、「引き寄せの法則」を理解し始めて、ものや状況などを上手に引き寄せられるようになった人の中にも「どうも身体だけは別もの」と思ってしまう方がいらっしゃいますが、今お話しした通り、いえいえ身体だって「あなた」の言うことを理解し、ちゃ〜んとそれに従ってくれるものなのです。つまり、自分の心（ものの見方や考え方と、それに伴う感情）はもちろん、身体でさえ自分の思い通りになりますよということ。

また、「恋愛だけは、どうも上手く引き寄せられなくて……」とか、「お金を引き寄せるのは難しいのでは？」とか、「人間関係は絶対に変えられないでしょう」などという声もよく聞きますが、「引き寄せの法則」が私たちの人生の中で働いていない分野など、ただのひとつもありません。つまり、自分の心や身体にしろ、恋愛にしろ、お金にしろ、人間関係にしろ、もしもあなたの望むような結果になっていないとすれば、その理由はいつだってただひとつ！「あなた」

が、「それ」が上手くいくことを無意識に邪魔してしまっているということだけです。

自分の夢や希望を叶える以前に、「現在の問題ばかりの状況からなんとか脱出したい」と思っているかもしれません。「こうなったのは、すべて経済状況が悪いせいよ！」とか、「あの人が私の目の前に出てきたばっかりに、私がこんな不幸になったのよ！」などと思っているかもしれませんが、誠に誠に申し訳ありません。これもいつだって「あなたの間違ったものの見方」や「無意識に出してしまうネガティブな思考と感情」が原因で起こってしまうことなのです。つまり、やっぱり「あなた自身」が「あなたの幸せな人生」の邪魔をしてしまっているのだということ。

だからといって「そうよ！　どうせ私が悪いのよ！」と落ち込む必要もありませんからね、ご安心ください。だって自分の心や身体、自分の人生に起こることのすべての原因が「自分」であるならば、その「自分」のことさえもっと深く理解し、その気になって「自分」さえ変えていけば、今度は自分自身も自分の人生も「自分の思いのままに」いくらでも創り変えていけるからです。

これから本書をお読みいただきながら、また実際にご自身でワークも試していただきながら、「自分と人生を思い通りにする方法」をじっくりご説明していきましょう。さあ、準備はいいですか？　それでは、これからのあなたが「あなた自身の幸せ」の邪魔をしないように、「自分の思いのままに」自分や自分の人生を創り上げていけるように、また自分の望みをいつでもどこでも叶えられる徹底的な「引き寄せ体質」になっていただけるように、「水谷友紀子のワークショップ」をスタートさせていただきます！

目次

自分をリセットして、願いを叶える！
「引き寄せ」練習帖　奇跡を実感する！

Chapter 1
思考を身につけるワーク

Chapter

2

「やわらかい心」を作り上げるワーク

Chapter

3

「創造力」を開花させるワーク

Chapter

4 問題と向き合うワーク

Chapter

5 「ゴールを見つける」ワーク

Chapter 6
「限界を超える」ワーク

Chapter

1

思考を身につけるワーク

WORK 1

自分の「創造力」にちょっとビックリしてみよう！

実際に自分の中の「創造力」を使って、なにか望むものや状況を引き寄せられるようになるには時間が必要ですが、自分の持つ「創造力のすごさ」を即座に実感できる簡単な方法があります。これは今から25年くらい前、私が初めて「引き寄せの法則」を知った頃に、なにかの本を読んでいて見つけた興味深い実験なのですが、ぜひみなさんにも試していただきたいと思います。

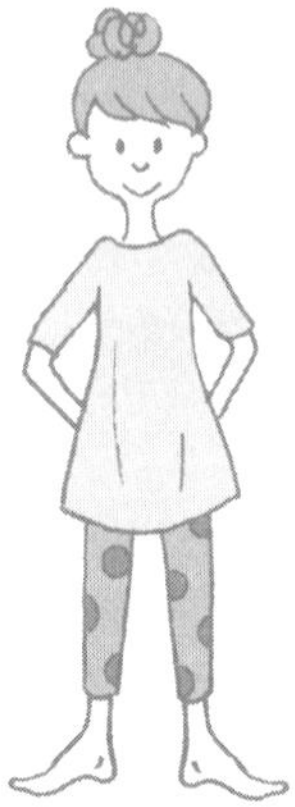

❶ まず、両足を少し開いて立ってください。

❷ 次に、両腕をまっすぐ伸ばしたまま床と平行になるまで上げます（掌は下を向いている状態です）。

❸ 両腕を床と平行に保ちながら、どちらかの方向に腰をひねっていき、「もうここまで」というところに来たら、指先の前方に見える景色を覚えておきます。

❹ そして、また元の位置に腕や腰を戻し、腕も下ろして楽な姿勢をとってください。

❺ 次に、目を閉じて、今やったことと同じことをしている自分をイメージしてください。但し、このときには「なぜだか腕が、先ほどよりグワ〜ンと遠くのほうにまで行っている自分」を想像してください。想像できましたか？

❻ それでは、目を開けてまた先ほどと同じように両足を軽く開き、先ほどと同じように両腕を上げましょう。

❼ そして、先ほどと同じように「もうここまで」というところまで、腰をひねってみてください

❽ そして、今、指先の前方にある景色をチェックしましょう！

さて、結果はいかがでしたか？　なにかビックリしたことはありませんでしたか？　私が初めてこの実験を試してみたとき、その頃の私はまだ自分の「創造力」の力《パワー》を知り始めたばかりだったので、「おぉ～っ！」と思わず叫んでしまった記憶があります。だって、2回目のときには指先の前方に見えた景色が前とまったく変わっていて、なんだか本当に腰がグワ～ンと曲がったものですから……。

そして、この実験結果から「創造力の力《パワー》って、やっぱり相当すごいのかも……」と思い、ますます「引き寄せの法則」と「創造力」の実験・研究にのめり込んでいきました。あなたも当時の私のように、この小さな実験から自分の「創造力」が持つ「無限の可能性の一端」が垣間見え、これからの自分と自分の人生にちょっとワクワクしてきたかもしれませんね。そう、次は「あなた」が人生を思うままにする番なのですよ！

たった3年で人生はすっかり変わる！

多くのみなさんが「どうせ私の人生なんてこんなもんよね」とか、「宝くじにでも当たらない限り、今の私の人生が激変するわけがないわ……」などと勝手に思い込み、半ば諦めと妥協の日々を過ごしながら、気がつけば3年、5年、10年と、ほとんど変わらないような生活を繰り返しています。でも、本当に人生って「そんなに変えるのが難しいもの」なのでしょうか？

今年の1月末頃だったと思うのですが、私が本の執筆に追われていたとき、窓の外からふいに選挙カーの声が聞こえてきました。「こちらは市議会議員候補の○○でございます！　○月○日の投票日には、○○、○○をどうぞよろしくお願い致しま～す♪」と……。

そのとき、私はあらためて気づいたのです。「あれ？　選挙が始まっているってことは、私が市議を辞めて丸4年経ったってこと？　いや～、私もちょっと前まではあんなことしてたのよね～！」と……（すでにご存じの読者の方もいらっしゃるかもしれませんが、現在の仕事を始める前、私は市議会議員を2期務めていたのです)。

ちょうどそんな頃、テレビからこんなCMが流れ始めました。ある携帯電話会社のCMなのですが、20歳前後のイギリス人青年たちがアップテンポの曲と共に登場し、「3年前は、自分はどこにでもいるようなごく普通の高校生だった」というようなことを口々に語るのです。そしてCMの最後にこんな言葉が流れます。「たった3年で人生は変わる」なんだか妙にインパクトの強いCMなので、「ああ、あれね! 見たことある〜!」という人も多いのではないでしょうか?

そのCMを初めて見た瞬間、「そうよね〜、ホントにそう! 私なんて4年前は選挙カーに乗って叫んだり、手を振ったりしてたんだから。本当に人生またまた激変しちゃったわよね〜」と、私はテレビの前でひとり「ウンウン」頷《うなず》いていました。そして、私の場合、ここ数年だけでなく、「たった3年で人生は変わる」がごとき経験をすでに何度もしているので、「その気になれば3年も要らないでしょ?」と思ってしまうくらいです。

ちょっとここで、私の「3年もかからなかった人生の激変」のいくつかをご紹介しましょう。

拙著『誰でも「引き寄せ」に成功するシンプルな法則』(講談社)をすでにお読みいただいた方はもうご存じかと思いますが、まずは私が「『引き寄せの法則』らしきもの」を本で知り、生まれて初めての意識的な「ビジュアライゼーション(想像する)」で、3つの大きな夢である「ミズーリ大学入学、パートナー、「100万円」を芋づる式に次から次へと引き寄せた体験です。

このとき、それぞれの夢を引き寄せた期間は、まず「パートナー」とはビジュアライゼーションから約1週間後に知り合い、その3ヵ月半後に入籍。「100万円」は彼との入籍から1ヵ月半後（つまり、ビジュアライゼーションから5ヵ月後）の結婚式の前日に父から「お祝い金」のような形でもらう。そして、アメリカ人の妻としてアメリカに渡ったのが結婚式から2ヵ月後で、憧れのミズーリ大学に入ったのがそのまた1ヵ月半後（つまり、ビジュアライゼーションから8ヵ月半後）のことです。

それまでの人生、まったく自分の思い通りになっていなかった私が、「あっ」という間にアメリカ人と結婚することになり、100万円も手にして、一度も行ったことのないアメリカ本土に渡り、夢にまで見た大学にさっさと入れてしまったのですから、これはもう自分でも本当にひっくり返るほどの「激変」であり、まさに「奇跡の連続」でした。この間、わずか9ヵ月足らずのことです。

次は、無事にミズーリ大学のジャーナリズム学部を卒業し、その後、国会議員の公設秘書になったときのこと。「いつか政治について書きたいなぁ。やっぱり政治よね、政治！」などと思いながら日本に一時帰国した私は、実家に帰った翌日に街中で高校の先輩にバッタリ再会し、突然

「参議院選挙を手伝ってくれない?」と頼まれました。「将来政治について書きたいんだし、選挙を生で経験させてもらえるなんていいかも」と選挙をお手伝いしたところ、応援していた候補者が見事初当選し、その直後、「君、英語も喋れるし……」との理由で、なんと私は先輩と共に永田町に連れていかれ、参議院議員会館で公設秘書として働くことになったのです。

参議院議員会館に初めて足を踏み入れたとき、「そりゃあ、政治、政治って思ってたけど、これまたいきなりすっごいところに来ちゃったな〜!」と、不思議の国のアリスになった気分を味わいました。だって、ついこの間までアメリカのミズーリ州で学生をしていた私が、突然、今度は日本国の政治の第一線である「国会」に来ちゃったんですから(笑)。これは帰国後、たった3ヵ月の間に起こった出来事でした。

それから今度は秘書を辞めて市議会議員になったときのこと。ある年の10月に「私、市議会議員になる!」という決意を固めてから、その後、退職できたのが翌月の末。それから立候補の準備をドタバタと始めて、実際に私が「ビジュアライゼーション」していた通りに「万歳! ばんざ〜い!」と支援者のみなさんと共に歓声をあげたのは翌年の4月のことでした。その間、半年ほどでしょうか。

そして今度は、現在の仕事に移ったときのことです。市議会議員を辞職し、「よし! まず本を出版する！」と決めて、自分の初めての本を受け取っているところを「ビジュアライゼーション」したのが今から4年ほど前のこと。辞職してからすぐに執筆を始めて2ヵ月ほどで原稿を書き上げ、その後、「どうしたら本が出版できるのか？」などまるで知らなかった私が、いきなり講談社さんから「うちで出しませんか？」とオファーをいただいたのです。

そして、それから11ヵ月後には私の初の本が実際に出版され、同時に今の仕事の原型が出来上がっていました。つまり、気がつけば1年ほどで、またまた私の人生が自分の思った通りに「すっかり」変わっていたというわけです。ねっ？　人生ってあなたが考えているより、よっぽど早く簡単に「激変」するでしょう？

「引き寄せの法則」は、夢や希望を叶えるときにだけ働くものではない

「どうしてあなたの人生は、なんでもすぐに自分の思った通りに変わっていくの？　私たちが持っていない強烈な念力でもあるんじゃない？　それとも生まれながらの強運の持ち主とか……」などと思われた人もいるかもしれませんが、いえいえ、とんでもない。会ってみればわかると思いますが、私はどこからどう見ても「ただの普通の人間」です（笑）。それどころか、私の10代後半の頃から我が家は経済的な苦境に陥り、高校卒業後も大学には進学させてもらえず、20代前半までは「なんで人生ってこんなに苦しいんだ！」「なんで人生ってまったく自分の思い通りにならないの？」と、日々もがき苦しんでいたほどでした。

でも、もし私が多くのみなさんと「なにか」違ったところがあるとすれば、私たちの人生を司《つかさど》っている「引き寄せの法則」というものの存在を、今から二十数年前に知ったこと。そしてその後、この法則の実験や研究をひたすら続けていくうちに「引き寄せの法則」が動き出す「原

因」となる「自分の中の創造力（思考、イメージ、感情）」を自分の思い通りに使いこなせるようになったこと。また、そんな中で「自分」というものを徹底的に観察せざるを得なくなり、そもそも自分の心の中に自分の夢や希望の実現を阻《はば》む思いや考えがあることに気づき、そんなネガティブな思考に邪魔をさせない方法も自ら体得していったことだと思います。

ところで、「『引き寄せの法則』って、なにか大きな夢や希望を叶えるときに使うものなんでしょう？」とおっしゃる方にお会いすることがあるのですが、いいえ、決してそうではありません。「引き寄せの法則」というものは、24時間休むことなく、また地球上のどこに行っても私たちの周りで働き続けているものなのです（ただし、睡眠中はその影響を受けないようです）。

人は、一日に6万ものことを考えていると言われていますが、「引き寄せの法則」とは、極端に言うと、その「あなたが出す6万もの思考にいちいち作用し、あなたの現実を刻々と創り上げてしまう法則」です。例えば、「あ〜、疲れた！」「うわっ、ヤバい！」「キャーッ、嬉しい！」「ホントにもういい加減にしてよ！」というような、あなたの日々の何気ないひとつひとつの思いや感情にも「引き寄せの法則」は働いてしまうのだということです。つまり、「引き寄せの法則」を簡単に言えば「思考は現実化する」ということなのですが、あなたがなにか「これ」という夢や希望を叶えたいと思ったときにだけ「法則」が突然働き出すという類《たぐ》いのものではなく、あなたが思考を出すたびに、すかさず作用し始めてしまうものなのだということです。

そして、先ほどからお話ししている通り、私たちの「創造力（思考、イメージ、感情）」こそが、この「引き寄せの法則」を発動させる「原因」となり、そして「自分の出した思考や感情に見合ったもの」が刻一刻と自分の人生の中の「出来事」となって戻ってきているのです。「引き寄せの法則」とは、言い方を換えると「良いことを思えば良いことが起こり、悪いことを思えば悪いことが起こる」という法則です。

つまり、**あなたの人生の中では「良いこと」も「悪いこと」も両方起こっていると思いますが、それらの「原因」となっているものは、すべて「あなたの思考や感情」なのだということ**です。そして、現在の私は「引き寄せの法則」と、その原因となる「自分の思考や感情」の使い方を徹底的に実験・研究してきたので、「意識的に」自分の望む人生を自分の思った通りに創り出していけるようになったのだということです。

まずは「引き寄せのしくみ」をしっかり理解しましょう！

まだ「引き寄せの法則」をよくご存じない方のために、ここでは「この法則がどのように働いているのか」その「しくみ」を簡単に説明しておきましょう。そもそもこの法則のしくみをちゃんとわかっていなければ、人生を自分の思い通りにすることなど難しいからです。

まず、私たちの意識には、「顕在意識（表層意識）」と「潜在意識（無意識）」があるということだけ覚えておいてください。私たちは、ふだんものを見たり、聞いたり、考えたりしていますが、これらはすべて「顕在意識」で行っていることです。

例えば、ある日、私は電車の中で大声で電話をしている人を見て、「なんて常識のない人なのかしら？　頭に来るわね」と思い、ムカムカし始めたとしましょう。これは私の「顕在意識」で思ったり考えたりしているのですが、今度はその「頭に来てムカムカした思い」が自分の「潜在意識」に自動的に伝わるのです。

そして、ここからがみなさん驚かれるところだと思いますが、実は私たち一人ひとりの「潜在意識」は「宇宙」と直結しているので、その「頭に来てムカムカした思い」が潜在意識から宇宙に伝わり、そして「宇宙」が「私の頭に来てムカムカした思い」を受け取ります。すると、今度は「宇宙」がその思いに見合ったものを「なんらかの出来事」として形にし、私の人生に「現実」として返してくるのです。「宇宙」がいつも「なにをどうしてくれているのか」については、私にもさっぱりわかりませんが、「引き寄せのしくみ」つまり「私たちの思考が現実となって返ってくるしくみ」はこんな感じになっています。

★「顕在意識から出た思考、感情」↓「潜在意識」↓「宇宙」↓「現実の出来事」

先の私の例で言うと、私は「頭に来てムカムカした思い」を出してしまったので、後に（何時間後か、何日先のことかはわかりませんが）またこのような出来事に遭遇することでしょう。例えば、街中を歩いているときに突然石に躓《つまず》き、膝をすりむき、私はきっとこう叫ぶのです。「ほんとにもう頭に来ちゃう！　なんでこんなところに石なんかが転がってんのよ！」と。これは、

先ほど私が電話をしている人を見たときに出した「頭に来てムカムカした思い」と、ある意味そっくりなものでしょう？（笑）

反対に、ある日、私は素敵なお花を見て、ひとりご機嫌な気分になっていたとします。「うわぁ〜、きれい！　とっても幸せな気分だわ！」と。すると、すでにご承知の通り、今度は私のその「幸せな気分」がまず自分の潜在意識に伝わり、そして宇宙に届けられ、それがまた私の次なる「人生のなんらかの出来事」として私の元へと返ってきます。例えば、その日、思いがけなく友人の訪問を受け、私の大好きなケーキをプレゼントされます。そして、私は友人に「わぁ、ありがとう！　ありがとう！」と何度も言いながら、心の中でこう思うのです。「ああ、またとっても幸せな気分」

先に「引き寄せの法則」を言い方を換えると、「良いことを思えば良いことが起こり、悪いことを思えば悪いことが起こる」という法則だとご説明しましたが、具体的にご理解いただけましたでしょうか？　つまり、この法則の中では**「あなたの出す思考や感情の質」**と、**その結果である「あなたの現実に起こる出来事の質」**は、**「いつも同じようなものになる」**ということです。

好き好んで「自分にとって悪い出来事」を引き寄せようとする方などひとりもいらっしゃらないと思いますが、多くの場合、みなさん「無意識」にネガティブな思考や感情（不安、心配、怒り、恨み、悲しみ、落胆などなど……）を出してしまい、それによってまたまたネガティブな出来事を引き寄せてしまっているのです。まずは、自分の思考や感情をいつも「無意識な垂れ流し」状態にするのではなく、できるだけ「意識的に」いい気分を保つように心がけましょう。基本的に「いい気分」のときは「いい思い」ばかりが出ていますから、そこに「引き寄せの法則」が働き、当然「いいこと」ばかりが自分の人生に返ってくるというわけです。

「一定」「頻繁」「強烈」だけは絶対に押さえておく！

つい先日のことですが、私はある知人のことを突然思い出し、「そういえば、あの方とはずいぶんご無沙汰してるな〜。お元気にされてるかしら？　もう2年くらいまったく連絡も取ってないかなぁ」などと考えていたのです。それから数日後のことでした。私は東京に出掛け、あるイベントに参加していました。7000人ほどの人が集まっていたイベントだったのですが、なんと、その芋の子を洗うような人混みの中からまさにその知人にバッタリ出くわしたではありませんか！　お互い三重県在住者同士なので「どうしてこんなところに⁉」と目をパチクリし合い、その場でひとしきり話し込んでしまいました。

このような出来事は私の人生の中では日常茶飯事なのですが、でも、みなさんもきっと大なり小なりこんな経験をすでにしていらっしゃいますよね？　実は、こういうことこそが、「引き寄せの法則」が確実に働いているという典型的な事例、証拠のような出来事なのです。私が「その方のことを考えた」ことが「原因」となって、「その方と東京でバッタリ出くわす」という「結果」、つまり「現実の出来事」を引き寄せたわけです。

ところで、先ほど「私たちが一日に思考することは6万にも上る」ということと、「私たちの思考や感情は、そこにいちいち『引き寄せの法則』が働いて刻一刻と現実化している」というお話をしましたが、中でも確実にわかっていることがあります。ひとつ挙げると、ほんの一瞬だけ「あら、やだわ」などと思ったら、その後の人生で「イヤ〜な出来事」が起こるのかというと、そういうわけではありません。それくらいのことなら大丈夫だと思います。

が、絶対に覚えておいていただきたいのは、「あなたが一定の時間思ったり考えたりしたこと」「あなたが頻繁に思ったり考えたりすること」「あなたが強烈に思ったり考えたりしたこと」は、必ず「潜在意識」にキャッチされ、そして、それが今度は「宇宙」に運ばれて「現実化」してしまいます。言い換えれば、「潜在意識に届いた思いや考え」は必ず「現実化する」けれど、「潜在意識に届かない思いや考え」は「現実化しない」ということです。

例えば、私が7000人ものイベントで、「あの方どうしているかしら？」と思ったまさにその方とバッタリ出くわしたという例などは、私は「しばらくの間」その方のことを考えていたので、「一定の時間考えた」ことに当てはまって潜在意識に届き、それから宇宙に伝わって面白い形で見事に現実化したのでしょう。

また、プロローグで今年パラオ共和国に行ったお話をしましたが、実はこのとき、私はひとつ面白いことも「やっちゃった！」のです。私はときどきゴルフをするのですが、夏場でも長いパンツをはくために足だけはいつも日焼けせず、腕と足の色が極端に違っていました。そこで「よし！　パラオでは足を焼こう！」と思い、一緒に行った友人にも「私、今回は足を焼くから！」「足、焼こう！」などと口走っていました。すると、パラオに滞在中、ふと気がついたときには、もう足が異常に焼けていたのです。おまけに焼けすぎからか「火傷」のようになってしまい、パラオから帰国後も2～3週間、痛みと赤みが全然消えませんでした。

友人曰く、「そう言えばさ、『足焼きたい！　足焼きたい！』って、そればっかり何度も何度も言ってなかったっけ？」。お陰で私の足はすっかり黒くはなったのですが、あまりにも「頻繁」に「足、焼こう！」と繰り返していたために、必要以上に引き寄せてしまったのでしょう(笑)。このように「頻繁」になにかを思ったり考えたりすると、それは必ず潜在意識にキャッチされ、それがまたまた宇宙に届けられ、見事に現実化してしまうというわけです。

また、こんなことはありませんか？　ＰＴＡの役員選出などの時期が近づいてきて「絶対に役員なんてイヤよ！　絶対にイヤ～ッ！」などと、感情を込めて思ったりしていると、残念ながらまんまとくじ引きなどで役員に当たってしまったりして……。理由は、あなたが「強烈にそれを思ってしまった」ので、それが潜在意識に伝わってしまい、宇宙がこれまた「現実化」してしまったのです。

講演会やセミナーなどで、私はいつもこの「一定の時間思ったり考えたりしたこと」「頻繁に思ったり考えたりすること」「強烈に思ったり考えたりしたこと」の話をするのですが、「良いこと」を思うにつけ、「悪いこと」を考えるにつけ、この**「一定」「頻繁」「強烈」のうちのいずれかに当てはまっている思考や感情は、必ずと言っていいほど潜在意識にキャッチされ、そして宇宙に伝わり、あなたの「現実」として返ってきます**ので、十分に気をつけておきましょう。

潜在意識は「否定形」を理解しないことも心得ておく

さて、「一定の時間思ったり考えたりしたこと」「頻繁に思ったり考えたりすること」「強烈に思ったり考えたりしたこと」は、潜在意識に受け取られ、必ず「それ」を引き寄せるということをご説明したばかりですが、なにか「おやっ？」と思いませんでしたか？　「そう言えば、『考えていた人にバッタリ会う』とか、『足を焼きたかったから、足が焼けた』のは、自分が望んでいて『そう』なったからわかるけど、ＰＴＡの役員の話は『役員なんてイヤ！』と思っていたはずなのに、どうして見事に役員になるって現実を引き寄せてしまうわけ？」と。

これも「引き寄せの法則」を理解するうえで、なんとしても覚えておいていただきたいことなのですが、実は**「潜在意識」は「否定形」を理解しない**のです。あなたが「ＰＴＡの役員になりたくない！　絶対になりたくない！」と思うと、潜在意識には「ＰＴＡの役員になりたい！　絶対になりたい！」と伝わっているのだということ。また、あなたが「インフルエンザにかかりたくない、かかりたくない！」と思っていたりすると、潜在意識には「インフルエンザにかかりたい、かかりたい！」と聞こえているのだということです。面白いでしょう？

だからこそ「ＰＴＡの役員に見事に選ばれる」という結果を引き寄せてしまったり、「インフルエンザにまんまとかかってしまう」という現実を創り上げてしまうわけです。決してあなたがそれを望んでいたわけではないにもかかわらず。

つまり、「引き寄せの法則」の中においては、絶対に「否定形」を使わずに、「自分の本当に望むこと」にいつも意識を向けておきましょうということです。「ＰＴＡの役員になりたくない！」ではなく、「今年もきっと単なるヒラのメンバーよね！」と考える。「インフルエンザにかかりたくない」ではなく、「この冬も私はいたって健康、健康！」などと考えるようにしましょうということです。だって、あなたの本当の望みは「ＰＴＡの役員」ではなく「ＰＴＡの中でヒラのメンバーでいること」であり、「インフルエンザにかかること」ではなく「いつだって健康でいる」ことなんですよね？

先日、読者の方からこんな楽しい体験談をお送りいただきましたので、ちょっとここでご紹介させていただきましょう。

水谷先生、こんばんは。いつも、楽しく本やブログを拝見させていただいています。ありがとうございます！

さて、今日は、嬉しい引き寄せと、「やっちゃった〜！」って思った引き寄せが2つありましたので、ご報告させていただきます。

まず、嬉しかった引き寄せです。先日、たまたま駅構内にあるスイーツのお店で美味しそうなチーズケーキを見つけたのですが、荷物になるので買わずに帰ったのです。ところが、その日の夜、家に帰ると、家族が見た感じそっくりのホールのチーズケーキを買ってきてくれていました！　私は一言も言ってないのに……。

しかも、買ってきてくれていたチーズケーキは、私が見たものよりちょっと高級なものでした！（笑）　特に、ビジュアライゼーションしたわけではなく、ただ「美味しそう〜！」と思って、じ〜っと見ていたのが良かったのかもしれません。

次に「やっちゃった〜」な引き寄せは、実は私、職場で苦手な人がいるのですが、その人は私と同じ駅を利用しているのです。今日、私は友人と出かける予定があり、休日なのですが、なんとなくその苦手な人と「会いたくないな〜、イヤだな〜」と思っていたら……。駅にはいなかったのですが、電車に乗って座ってみると、なんと、その人が向かいのシートに座っていました。

どうやら前の駅から乗られていたようで……。

こんなことってあるんだ～！「会いたくない！」って思っていたことを見事に引き寄せてしまいました……（笑）。休日なのに時間も車両も同じなんて、あり得ないですよね？

ホントに引き寄せは、いつも完璧に働くのですね～。気をつけようと思いました。ＨＳ様より

「ホールのチーズケーキ」をいとも簡単に引き寄せたこともお見事でしたが、「会いたくない」と思っていた人と「見事に会っちゃった」という体験も「ほらねっ！　否定形を使うと、こんな結果になるんですよ！」という、こちらも「お手本」とでもいうようなお話でした。「否定形」について、よくご理解いただけたのではないでしょうか？

じっくり観察していただくとわかると思いますが、私たちは無意識にこの「否定形」を年がら年中使っています。「転ばないで」とか、「雨が降りませんように」とか、「風邪ひかないようにしなくっちゃ」とか、「失敗しないといいけど」などなど……。これからはできるだけこの「否定形」にも注意を払うようにしてくださいね！

私たちの「創造力」は万能なのです！

さて、ここまでは「引き寄せの法則」のしくみと、必ず覚えておいていただきたい重要なポイントについてご説明してきましたが、今度は「引き寄せの法則」を作動させる「原因」となる私たちの「創造力（思考、イメージ、感情）」についてお話しさせていただきましょう。

先ほどから「私たちは一日に6万ものことを思ったり考えたりしている」と繰り返してきましたが、毎日毎日こんなにも使っている自分の中のこの「創造力」のすごさや万能さを十分に認識している人は、残念ながらそう多くはなさそうです。ましてや、その「創造力」を自分の思うままに賢く上手に使いこなす方に至っては、圧倒的に少ないのが現状でしょう。私は常々、自分の中の「創造力」こそが「人生最大最強の宝物」だと思っているのですが、多くの方が「宝の持ち腐れ状態」に陥っている姿を見ては、「本当にもったいない！」とつくづく感じてしまいます。

よ〜く考えてみてください。この章のはじめに「私の人生の激変」をいくつかご紹介しましたが、その「激変」を引き寄せたそもそもの「原因」はなんでしょうか？　そう、すでにみなさんご承知のように、それは紛れもなく私の「創造力」です。私は、なにか自分の夢や希望を叶えたいときには、ほとんどの場合「ビジュアライゼーション（想像する）」というものをやって「未来のこうなっていたいという自分の姿」を先に心の中でイメージしているのです。

この「ビジュアライゼーション」については、また後の章でじっくりご説明させていただきますが、ここでご理解いただきたいのは、すべては自分の中の「創造力」から始まり、そしてその「創造力」こそが、私のアメリカ留学も、結婚も、100万円も、永田町での公設秘書も、市議会議員も、本の出版も、すべて「創り上げた」のだということです。こう考えると「創造力」って本当にすごいものだと思いませんか？

それだけではありません。私は今までの人生の中で、もう数え上げたらきりがないほどの「自分が望んだものや状況」を引き寄せています。イチゴやチョコレートなどのちょっとした食べ物から、インテリア雑貨、本、お花、洋服などというようなもの、会いたい人にバッタリ会えたり、満席なのに突然予約できるようになったりする状況。果ては海外旅行や、仕事や、理想のマンションまで——心の中で「思ったり、イメージしていた」ありとあらゆることをです。そして、自分の望んでいたものや状況が思わぬ形で「現実化」するたびに、私はいつも自分の中の「創造力のすごさと万能さ」に驚嘆し、ひっくり返ったり、ゲラゲラ笑い出したりしてしまうのです。

しかも、この「創造力」には「限界」はありません。「限界」があるとすれば、それはあなたの頭の中だけであり、あなたが思ったり、考えたり、イメージしたりできるものであれば、また、あなたが「それは可能だ！」と信じたことであれば、なんだって「現実化」できるのです。

そして、だからこそ、この「引き寄せの法則」は、私たちの身体にさえも応用できるのです。

プロローグで、私のパラオでの「突然できちゃった潜水体験」をご紹介しましたが、それ以外にも私はダイエット、のう腫《しゅ》や癌《がん》が消える（？）、大火傷をきれいに治す……などの身体に関する引き寄せも何度も実体験しています。私のコーチングのクライアントの方々や読者のみなさんからも、「長年の偏頭痛がなくなった」「目のかすみが治った」「歯の痛みが止まった」「肌がきれいになった」「10キロ痩せた」などなど、たくさんの身体に関するご報告をいただいています。

また、テレビでもよく「奇跡の体験者」として、不治の病がすっかり完治した方とか、大怪我から生還された方などを次から次へと紹介していますが、世界中を見渡してみれば、このようなことは「たびたび起こっている出来事」なのです。つまり、「本当は、あなたはなんだってできるし、なんにだってなれるし、どこにだって行けるのだ」ということです。あなたが生まれながらに持つ、その無限の可能性を秘めた「創造力」を上手に使いさえすれば。

身体は「あなたの心」のもうひとつの表れ

ちょっとここで「身体」について、もう少しだけ説明しましょう。どうも多くのみなさんが身体は「別モノ」と考えてしまい、「身体は決して自分の自由にはならないもの」と思い込んでいらっしゃるようなので。

今まで説明してきたように、そもそも「私たちの人生」というものは、私たちが毎日出している「創造力（思考、イメージ、感情）」の結果の積み重ねであると言えます。つまり、「ある人の人生」というものは、今までのその人の「心の状態の反映」だと言えるわけです。私はすでに何千人もの人と1対1での個人コーチングを行ってきましたが、今までの人生をざっと語っていただくだけで、その人が「基本的にどんな考え方の持ち主なのか？」が手に取るようにわかります。「心の状態＝人生」だからです。

いつも周りの人々や環境に心から感謝している人や、他人を賞讃し、心から応援するような人、つまり「ポジティブな思いや感情」を日々たくさん出しているような人が「問題だらけの人生」に直面していることなどあり得ないですし、反対に、いつも他人や環境の不平不満ばかりを並べたて、感謝の「か」の字もなく、自分の人生を嘆いてばかりいる人、つまり「ネガティブな思いや感情」ばかりを出しているような人が「楽しく幸せな人生」を送っているケースなど決してありません。

そして、「自分の人生が、今までの自分の心の状態のひとつの反映」であると同時に、「自分の身体の状態は、今までの自分の心の状態のもうひとつの反映」なのです。これも多くの方々と接してきた私の経験からですが、「ポジティブな思いや感情」をたくさん出されている人は、もちろん健康的な人が多いのですが、「ネガティブな思いや感情」ばかりを出されている人は、身体にも同じような不健康な症状が出ているケースが圧倒的に多いです。知り合いのお医者様たちにも心と身体の関係をときどきうかがってみるのですが、「ポジティブな考え方の人は治りが早く、ネガティブな考え方の人はいつまでたっても治らない」と、みなさん口を揃えてそうおっしゃいます。

緊張したときに手に汗をかいたり、悲しいときには自然に涙が溢れ出したり、強烈に怒ったときには手や肩がワナワナ震え出したりすることから、「自分の心と身体は決して別々なものではないんだな」ということをなんとなく理解しているものの、身体の中の動きや働きがいちいちこの目で確認できないためか、どうもその「つながり」が実感しにくいのかもしれません。ところが実は、私たちの思考や感情がいちいち出るたびに、身体の中ではすごいことが起こっているのです。

私たちが思考や感情を出すたびに、その情報はすかさず脳の視床下部というところに運ばれていき、そこで「その思考や感情に応じた」特定のアミノ酸が作られます。そして、今度は出来上がったアミノ酸が、下垂体というところを通って一気に血液中に放たれるのです。ちょっと覚えておいてくださいね。ここでも「いい思い」を出せば「いいアミノ酸」が、「悪い思い」を出せば「悪いアミノ酸」が作られるという「引き寄せの法則」がちゃんと働いているんですよ！

そして、血流に乗って、アミノ酸は体内のさまざまな場所へと瞬時に運ばれていき、それぞれの細胞によって受け取られていくのです。そして、例えば一定の期間、同じようなネガティブな状況下にあると、つまり一定の期間、同じようなネガティブな思考や感情を出し続けていると、当然「悪いアミノ酸」ばかりが体内に運ばれていきますから、だんだん身体のある部分の感覚が鈍ってきてしまったり、正常に働かなくなってきてしまったりするのです。こうして「病気」というものが創り上げられてしまうというわけです。

この一連の働きが、私たちが思考や感情を出すたびに延々と繰り返されているわけですから、一日に6万回は身体の中でこれが起こっているのだろうと簡単に推測することができますよね。つまり、あなたの思考や感情という「創造力」は、一方では「あなたの人生」という結果をもたらし、同時にもう一方では「あなたの身体」という結果も刻一刻と創り上げていっているのだということです。逆に言えば、あなたのその「創造力」で、「あなたの人生」も「あなたの身体」も、これからあなたの思い通りにいくらでも創り変えることができるってことです。すごいでしょう？

column 1

自分をリセットするプチワーク

「いつもとちょっとだけ違ったこと」をしてみよう！

私たち人間というものは、いつの間にかなにかと「習慣化」してしまい、それによって人生を「いつもと同じ退屈なもの」にしてしまう傾向があります。

あなたの人生をより楽しくより冒険的なものにするために、ときどき「いつもとちょっとだけ違ったこと」を試してみましょう。

例えば、「通勤経路」を変えてみるのはいかがですか？　ひと駅前で電車を降りて歩いてみたり、通ったことのない道を行ったり、少し早めに家を出て違う電車に乗ってみたり……。

まるで子どもが初めて探検に出かけるような気持ちになって楽しんでみてください。好奇心を旺盛にして新しい風景を見ていると、きっと面白い発見や楽しい出来事に遭遇でき、気持ちがリセットされるはずです。

Chapter

2

「やわらかい心」を作り上げるワーク

なんでそんな「ものの見方」になっちゃうの？

今からもうウン十年も昔、私がまだ「引き寄せの法則」の「ひ」の字も知らなかった20代前半の頃の話です。あるとき、知人の男性が会話の途中、真剣な面持ちで突然こんなことを言い出しました。「実は、今から話すことは僕と両親だけしか知らなくて、実の弟でさえも知らない僕の秘密なんだ」と。

「えっ？　弟さんも知らないような秘密？　いったい私は今からどんなすごい話を聞かされるのだろう？」と、襟を正し、身構えてしまいました。すると、彼は小さな声でこんなことを呟いたのです。「実は僕ね……K大学、補欠だったんだ」と。

ちなみにK大学というのは、日本人なら誰でも知っている日本の超一流の私立大学で、私なんて逆立ちしても入れなかったであろう大学だし、多くの親御さんがどんなことをしてでもわが子を入学させたいと思うほどの大学だと思います。彼がその大学の卒業生だということは知ってはいましたが、その大学に「実は補欠入学だった」という話だったわけです。

聞いた瞬間、私の緊張感は一気に吹き飛ばされ、彼には大変失礼ながらも、こらえきれずにお腹を抱えてゲラゲラと笑い出してしまいました。そして、彼の肩を何度もバンバン叩きながら言ったのです。「いいじゃん、補欠だってなんだって！　あなた天下のK大学に入ったんだよ、K大学よ！　それって世間じゃすっごいことなのよ〜！　私なんて逆立ちしたってきっと入れなかったわよ」

当時、彼の年齢は30代前半で、どうやら私が「彼が自分のその秘密を初めて話した他人」だったようですから、18歳で大学に入学してから十数年もの長〜い間、彼はきっとこの事実を「自分の人生最大の恥！」として心の奥底に密かに持ち続け、K大学入学の話題でも出ようものなら、密かにひとり落ち込み、苦しんでいたことでしょう。多くの人には補欠合格でさえ「K大学入学」はとっても誇るべき出来事だと思うのですが、いったいどうして彼にとっては「人生最大の恥！」にまでなってしまったのでしょうか？

実は、よくよく聞いてみれば、彼のお母様がとても教育熱心な方だったようで、おまけに彼には年の近い弟さんがひとりいらっしゃるのですが、この弟さんの出来が彼にも増して抜群に良かったがために「弟はこんなに優秀なのに……」というような言葉を何度も何度も聞かされて育ってしまっていたようです。また「補欠合格」の件は、どうやらご両親から「絶対に誰にも言うな！」と固く口止めされていたらしく、18歳の少年は「補欠って、人には絶対に言ってはいけないほどの恥なんだ」と、自然に思い込んでしまったのでしょう。

さて、この話を今ここでご紹介させていただいたのは、確かにこの話が私の人生の中でもかなりインパクトが強く、忘れようにも忘れられない話だったからということもありますが、それ以上にお伝えしたかった理由は、実は多くの人がいつも大なり小なり「彼とそっくりなこと」をひたすらやり続けていらっしゃるからです。「喜ぶべき出来事さえも自分で勝手に悪くとらえ、ひたすら傷ついている」「問題でもなんでもないような些細なことを、まるで『ものすごい大問題』だと思い込み、ひとりで悩み苦しんでいる」「とても幸せな状況や環境にいるのにもかかわらず、たったひとつの『上手くいっていないこと』にばかり焦点を当て、まるで『人生の失敗者』のように感じてしまっている」などなど。心当たりのある方、きっといっぱいいらっしゃるでしょう？

こうして私たちの「ものの見方」は出来上がる

前章で「引き寄せの法則」とは「良いことを思えば良いことが起こり、悪いことを思えば悪いことが起こる法則」だとご説明しましたよね？ つまり、四六時中いい気分でいて「良い思考や感情」ばかりを出し続けることができれば、理論的には人生に「良い出来事」しか起こらず、とっても幸せな人生を創り上げていくことができるはずなのです。「自分の夢や希望」だって、自分さえ「必ず叶う」と心から信じることさえできれば、次から次へと叶い続けていくはず……。

それなのに、どうして私たちは「良い思考」や「自分の夢や希望」だけを出し続けることができないのでしょうか？ いや、それ以上に「そもそも問題でもなんでもないような出来事」さえも、「それは大問題だ」とばかりに妙な解釈までしてしまうのでしょうか？

先ほどから「人は一日に6万ものことを思ったり考えたりしている」と何度も繰り返しましたが、普通の人が出す6万もの思考のうち、その約8割は「ネガティブなもの」だと言われています。残念ながら、私たちが「気づいたとき」には、すでに「ネガティブな思考ばかりを出す人になってしまっている」のだということです。

実は、私たちは13歳くらいになるまでに、この「ネガティブなものの見方」「ネガティブなものの解釈の仕方」をすっかり身につけてしまっているのです。まあ、多くの大人がそもそも「8割方ネガティブ人間」なのですから、無意識にではありますが、子どもたちにもネガティブなことばかりを聞かせるはめになります。「どうしてお前はこんなこともできないの？」「やめときなさい！　どうせ失敗するに決まってんだから」「人生そんな甘いもんじゃないのよ！」「無理、無理！　あんたが痛い思いをするだけよ」……。

周りの大人たちからこんな「ネガティブな言葉」ばかりを毎日毎日繰り返し聞かされて育てば、当然のごとく、子どもは「やっぱり自分はダメな人間なんだ」と思い込み、すっかり自信を失って「セルフイメージ」も低くなってしまいます。同様に人生に対しても、大人たちからの言葉の繰り返しによって「人生なんて思い通りになるわけない」「人生は苦の連続だ」などと、いつの間にか信じ込むようになってしまうのです。つまり、こうして中学生になる頃には、セルフイメージの低い、自信のない「まさに今の私たちの原型とでも言うべき姿」がほぼ出来上がってしまっていて、それを持ち続けたまま現在に至るというわけです。

そして、前章でも少し脳の話をしましたが、どうやら私たちの「脳」というものは、同じことを見たり、聞いたり、思ったり、感じたりすることの「繰り返し」によって、それに対応する脳の神経細胞同士が結びついてネットワークを作り上げてしまうようです。つまり、あなたの思考をいつの間にか「パターン化」してしまうということ。だからこそ、なにか似たような状況下に置かれると、「ああ、こんなことできるわけない！」「どうせ私なんか……」などと、まるでいつもと同じような思いや感情が即座に湧き上がってきてしまうのです。

先の私の知人の例で言うと、彼はきっと「お前は弟と比べると、どうしていつも上手くやれないの？」などと繰り返し言われていたことでしょう。すると、彼の脳の中には「自分はいつも上手くやれない」という回路が勝手に出来上がってしまいます。そして、なにか重要なことに直面するたびに「自分は上手くやれない」と自動的に思ってしまい、それに見合った結果をいつも引き寄せてしまうのです。

事実、彼は高校受験のときに第一志望に入れなかったそうなのですが（ちなみに弟さんは彼の行きたかった第一志望の高校に合格したそうです）、「自分は上手くやれない」と思い込んでしまっていたために、残念ながらそんな結果になったのでしょう。また大学受験もしかりで、「自分は上手くやれない」とまたまた思い込んだことが「補欠」という「やっぱりどこか上手くやれない（少なくとも親の期待に沿えない）」結果を招いてしまったのです。そして、こんなことを繰り返しているうちに、自分のことを「上手くやれない人」だとますます思い込んでしまい、どこか自信のない人になり下がってしまうのです。

「脳の回路」は自分でいくらでも作り変えられる！

私たちの脳は、何度も同じようなことを見たり、聞いたりしているうちに、独自の回路、ネットワークを形成してしまい、それが「固定化」「習慣化」してしまうと述べました。そして、他の選択肢があるにもかかわらず、他の「ものの見方」や「解釈の仕方」がいくらでもあるにもかかわらず、出来上がってしまった回路によって、いつも決まりきった一定のパターン（その多くがネガティブなパターン）を「無意識に」ただひたすら繰り返してしまっているのだということです。

自己啓発関係の本などを読んでいると、よく「コップの中の半分の水」のたとえ話が出てきますよね？　すでにご存じの方も多いと思いますが、「コップの中に半分の水がある」という事実は同じでも、ある人は「もう半分しかない」と思うため、不安になったり心配になって「ネガティブな感情」を出すことになります。また、ある人は「まだ半分もある」と思って安心し、喜び、「ポジティブな感情」を出します。まったく同じものを見ているのに、一方は「落ち込み」、もう一方は「喜ぶ」という正反対の反応となるわけです。

私たちは、なにを見ても、なにを聞いても、なにを体験しても、多くの場合、瞬時に「それは自分にとって良いのか？　悪いのか？」を「判断」してしまうのです。そして、「自分にとって良い」と思えば、嬉しさ、楽しさ、喜びといった感情が出てきますし、「自分にとって悪い」と考えれば、不安、悲しみ、怒りなどの感情が湧いてきます。そして、この「良い」「悪い」の判断基準になっているのが、その人の「ものの見方」「解釈の仕方」であり、その人の「決まりきった脳の回路」の仕業なのです。

前章を思い出してください。「ああ、良かった！　嬉しいわぁ～」という思いを出せば、そこに「引き寄せの法則」が働いて、結果としてまた次なる「ああ、良かった！」と思うような楽しい出来事を自分の人生に引き寄せてくることでしょう。同時に、自分の体内でも瞬時に「良いアミノ酸」が運ばれていくので、「体調的にもますます良好」となるわけです。一方、「ああ、どうしよう、もしもあんなことにでもなってしまったら」などという思いを出せば、そこに「引き寄せの法則」が働いて、結果としてまた次なる「ああ、どうしよう」的な不安な出来事を自分の人生に引き寄せてしまうことでしょう。同時に、自分の体内でも瞬時に「悪いアミノ酸」が運ばれていってしまうため、体調にも良くない影響を与えてしまうことになりかねません。

要は、なにを見ても、なにを聞いても、なにを経験しても「いつだって自分にとって都合のよい解釈ができる人」になりさえすれば、いつだって「いい気分」ばかりを出すことができ、従って自分の人生で起きてくる出来事も「いいことだらけ」になるし、自分の身体にとっても「いいことだらけ」になるわけです。つまり、「自分にとって都合の悪い解釈ばかりを押しつけてくる今までのあなたの脳の回路」をドンドン変えちゃえばいいってわけです。そうでしょう？

「そんなに簡単に自分で脳の回路を変えられるの？」という声が聞こえてきそうですが、それが本当にありがたいことに、私たちの脳の回路というものは、自分で新しく作り上げることができるそうです。但し、それには少なくとも3週間かかるようですが……。しかも、ほとんど使われなくなった回路は、だんだんその結びつきをやめていくのだそうです。そして、あなたの新しい脳の回路が固定化さえしてしまえば、今度はいつの間にか「いつだって自分にとって都合のよい解釈ができる人」になっていることになります。

「では、どうやって脳の新しい回路を自分で作り上げていくのか？」それにはまず、いつも無意識にものごとを見て自動的に判断している自分に気づくこと。そして、「ちょっと待てよ？いつも自分はこういうときにこんなものの見方をしているけど、もっと別な見方もあるんじゃないの?」と考えないようにしましょう。そうやって「新しい考え方」をドンドン積極的に自分に取り入れていくのです。

「意識的」にものごとを見て、新しい解釈を身につけましょう

いつだったか、私のコーチングの最中に、41歳のクライアントの女性からこんなご相談がありました。

ひと月半ほど前、23歳の女の子が私の会社に転職してきたんです。ある日、その女の子が彼女の前の職場の人のことを話し始め、「ホント、おばさんって嫌ですよね〜!」と私に言ってきました。その一言で「おばさんって、もしかして私のことを言っているのでは?」って考えちゃって、以来ここひと月ほどこの「おばさん」という言葉がすっごく気になり、落ち込み、ネガティブな気持ちから抜け出せなくなってしまいました。

職場の周りの人たちからも「あの人、おばさんって自分のこと言われているのに気づいてないんじゃないの?」などと思われているんじゃないかと、不安や心配が頭から離れないんです。

いや〜、お気持ちはわからなくもありませんが、これで1ヵ月も落ち込んじゃったなんて、実にもったいない。でも、こういうお話こそが「自分にとって都合の悪い解釈をしている」典型的な事例であり、「いつだって自分にとって都合のよい解釈ができる」こととは正反対であることがよくおわかりになることと思います。

ここでの事実は「23歳の女の子が前の職場の方を『おばさん』と称し、『おばさんは嫌だ』と言った」というただそれだけのことですよね？　もし私が41歳の彼女だったら、そのとき、その23歳の女の子にすかさず「そうそう、ホント、おばさんて困るわよね〜！」などと返答して、一緒に「おばさん談議」でも始めてゲラゲラ笑い飛ばしていたことでしょう！　そして、その後も「おばさん」という言葉など気にも留めずに毎日を過ごしていたことと思います。

つまり、なにが言いたいのかと言うと、私はついに50を越えてしまって、世間からすればどこからどう見ても「正真正銘のおばさん」なのでしょうけれど、誰がなんと言おうとも自分だけは「おばさん」だとは思っていないということです（笑）。そのため「おばさん」という言葉を聞いても「んっ？　どこのおばさんのことかしら？」と、まるで自分にはまったく関係ない話として聞き流してしまうでしょう。

でも、この方は「実年齢」を日頃からず～っと気にしすぎていらっしゃったのでしょう。41歳なんて私より10歳も若いにもかかわらず、しかもこの方、実際に女優さん張りの美しさをお持ちであるにもかかわらず、「おばさん」と聞いた瞬間に「えっ？　もしかして私のこと？」と解釈してしまったのです。つまり、23歳の女の子の「おばさん」という発言は、単に「引き金」になっただけのことで、本当はいつもご自身のことをどこか「おばさん」だと勘違いしていらっしゃるのだということ。ああ、実にもったいない！

ちょっとじっくり考えてみましょう。例えば、きっとすさまじく多くのファンをお持ちであろう、歌手で俳優の福山雅治さん。彼いくつかご存じですか……？　答えは45歳です。そこで質問なのですが、福山雅治さんは、おじさんですか？　「ちょっとちょっと、福山雅治がおじさんのわけないじゃないの～っ！」という多くの罵声が聞こえてきそうですが（笑）、はい、私もみなさんと同感で、福山雅治さんは決して「おじさん」じゃないと思います。

では、例えば、いつまでも美しくシャキッとしている宝塚出身の女優、天海祐希さんは何歳かご存じですか？　答えは47歳です。そして、またみなさんに質問なのですが、天海祐希さんは、おばさんでしょうか？　はいはい、答えはみなさんから聞かなくてもわかりますが、あんなに素敵な女性に「おばさん」という人は、まずこの日本には存在しないことでしょう（笑）。

これで「おばさん」と「実年齢」は、実際にはあまり関係していないということがおわかりですよね？　そして、たとえ多少関係していたとしても、そんな「おばさん」という言葉などは、あまりにも「小《ち》っぽけなこと」で、そんなことで大切な人生を無駄にするなどもったいないにもほどがあるということに気づきましょう！

こんな「どうでもいいようなネガティブな言葉」に囚《とら》われている時間があったら、さっさとその正反対の「若さ」「美しさ」「健康」などに目を向けて、福山雅治さんや天海祐希さんのような魅力あふれる活き活きとした人を目指すべきです。「おばさん」という言葉に囚われ、関心を向け続けていると、「引き寄せの法則」によって、その人自身に「おばさん」がいつの間にか表れてきてしまいますが、「若さ」「美しさ」「健康」に目を向けていれば、今度はそれらがその人自身に表れてくるからです。「あなたの日々思ったり考えたりしていることが現実になる」これが「引き寄せの法則」なのですから。

WORK 2

大切な友人にアドバイスする気持ちになってみよう！

この章の最初にお話しした「K大学の補欠合格」の例といい、前項の「おばさん」の例といい、こうして「客観的に」第三者の話を聞いているときには、その方の言っていることが「どこかおかしくない？」ということがよくわかるのですが、人間って「自分のこと」になると、先にお話しした「脳の回路」が自動的に働いてしまうために、もうなにがなんだかわけがわからなくなってしまうのです。そして、気づいてみれば、自分もいつも「問題でもなんでもないこと」を「問題」に仕立て上げ、ひとり悩み落ち込んでいます。

それから、多くの人に共通した興味深い特徴があって、「自分にだけは、なぜかいつも厳しい」のです。

あなたが先ほどの「おばさん」の話の41歳の女性の親友だったと仮定してみてください。そして、先ほどの話を彼女から聞かされたとしましょう。そのとき、きっとあなたは私と似たり寄ったりの反応をし、彼女をこんな風に励ますことでしょう。「ちょっと、それってあなたの勘違いに決まってる！　私から見たって、どこをどう取ってもあなたは『おばさん』なんかじゃ決してないわよ。ちょっと気にしすぎなんじゃない？　あなたはとっても美しいのよ、自分に自信持って！」と。

そのときに、こんなことを親友に言う方はいらっしゃいますか？「そうよ、その子、あなたのことを『おばさん』だと思って、きっとあなたに向かって『おばさん』って言ったのよ！　そうに決まってるわよ！　あなたが『おばさん』なのよ、『あなた』こそが！」……こんなこと決して言いませんよね。でも、私たちは「こんなすごい言葉」を「自分にだけ」はいつも投げつけるのです。彼女も無意識にこんな言葉を次から次へと無意識に自分に浴びせ、だからこそ1ヵ月も落ち込み続けてしまったのです。

つまり、これからなにか「落ち込むような出来事」が起こったときには、まず、「ちょっと待てよ？　今、私、なにか変なこと考えていない？」と思い、「この状況を親友に相談されたとしたら、いったい私はどう答えるんだろう？」と一度冷静になってみるのです。そうすれば、ものごとを「客観的」に見ることができ、自分が今、「自分の昔ながらの脳の回路の罠」にはまりかけていることがわかり、そして「新しい考え方」に意識的に変えていくことができます。

ちょっとここで「新しいものの見方」「新しい解釈の仕方」を身につけていただくために、実際にいくつか練習問題をしてみましょう。ふだんよく起こりそうなことを並べてみましたので、「親友にアドバイスするつもりになって」考えて答えてみてください。そして、今後自分に似たような出来事が起こった場合には、これからあなたが回答するように、今度は「自分自身」に同じようなことを言い聞かせてあげてください。これが「新しい脳の回路を作る」ことの始まりです。こういうことを繰り返していくたびに、いつの間にかあなたの「ものの見方」や「解釈の仕方」が、だんだん「自分にとって都合のいい」ように変わっていることに、ある日きっとお気づきになることでしょう。

状況
その1

彼氏からデートをキャンセルされた

A子さんは、今晩の彼とのデートを心待ちにしていました。ところが、夕方になって彼から突然メールが入りました。「ごめん！　明日までにどうしても仕上げなくちゃならない緊急の仕事が入っちゃって、悪いんだけど今晩ダメになっちゃったんだ」と。昔、同じようなことをきっかけに、つきあっていた人に不信感を抱き始めてしまい、結局破局した経験を持つA子さんは、こんな風に考えてしまいました。「本当は残業なんて嘘で、単に私とデートなんてしたくなかったんじゃないかしら？　それとも、もしや本当は他に好きな人でもいるんじゃ……？」こんなことを考え、ひとり不安で落ち込むA子さんに、いったいあなたならどんな言葉を掛けてあげますか？

ご参考までに、A子さんがこんな考えにばかり囚われていると、本当にある日彼から別れを告げられたり、「他に好きな人ができた」などと言われる事態を引き寄せてしまうことになりかねません。

参考例

もしも、水谷友紀子だったらこんなことを言います！

やだぁ〜、A子ちゃん！ あなたが落ち込むなんて見当違いもはなはだしいわよ！（笑）きっと彼のほうが今頃すっごい落ち込んでるに決まってるわ。「あ〜あ、今日のデートを楽しみにしていたのに、いったいなんで？」って。少しは彼の気持ちも考えてあげて、さっさと気持ちを切り替えて、「次なるワクワクのデート」のことでも考え始めましょ！ ねっ！

ご参考までに、A子さんが「そうか、彼も寂しかったわよね？」と思い、次のデートのことでウキウキし始めると、きっと次のデートは本当にワクワクなものになることでしょう。

あなたの答え

状況
その2

乗り気ではなかった会社からの「不採用通知」

Bさんはただ今、転職活動中です。本当はBさんには「A社」という以前から入りたかった会社があるのですが、「あそこは無理かもしれないし……」などと考えてしまい、他の会社の採用試験も一応いくつか受けていました。そして、今日、そのうちの一社から「不採用」の通知を受け取ったBさんは、「不採用」という言葉にすっかり囚われてしまい、「どうせ自分なんて……やっぱり才能や能力なんてなにもないんだ」と意気消沈しています。さあ、こんなBさんには、あなたはなんと声を掛けてあげるでしょうか?

ご参考までに、Bさんがこんな考えばかりしていると、本当に次も「不採用」その次も「不採用」などという事態を引き寄せてしまうことになりかねません。

参考例

もしも、水谷友紀子だったらこんなことを言います！

Bさん、Bさん、ちょっとあなたが落ち込んでるっておかしくない？　そりゃ、「不採用」って言葉に引っ掛かる気持ちはわからなくもないけど、本当はあなた「そこ」に行きたいわけでもなんでもなかったんだから、本来の実力も発揮しなかったんだろうし、だからそもそも落ち込む理由なんて全然ないじゃない！　しかも、それって「ちゃ～んと自分の行きたいところに行くべきだし、行けるに決まってるよ！」ってサインよ、きっと！

ご参考までに、Bさんが「そうだ！　自分はA社に行けるに決まってる！」と信じれば、A社から見事「採用通知」が届くことでしょう。

あなたの答え

状況 その3

残ったお金はたったの5000円

同僚のC子さんが、給料日の前日、こんな風に嘆いていました。「昨日ね、家に帰ったら払い忘れの請求書が届いてて、今日慌てて支払いに行ったんだけど、1万5000円も払わなきゃいけなかったのよ〜。お陰でお財布には5000円しか残ってなくて。これで今日またなにか大きな支払いでも来たら大変！　ああ、明日まで持つかしら？　不安だわ」さて、こんなC子さんには、あなたはどんな風に言葉を掛けてあげるでしょうか？

ご参考までに、C子さんがこんな風にばかり考えていると、C子さんが恐れていた通り、本当に今日また「次なる出費」があるかもしれません。

あなたの答え

参考例

もしも、水谷友紀子だったらこんなことを言います！

あら、C子さん、良かったじゃな〜い！　昨日の支払いもちゃんと済ますことができたんでしょう？　しかも残金がゼロになっちゃったとか、マイナスになったとかじゃなくて、まだ５０００円も残ってるんでしょう？　それだけあったら丸一日なんてなんとでもなるわよ！　ましてや明日は給料日だし、安心してド〜ンと構えてれば大丈夫よ、ド〜ンと!!

ご参考までに、C子さんが「そうね！　今日一日くらいなんとでも乗り切れるわよね！」と安心していれば、きっとその通り平穏無事な一日を引き寄せることでしょう。

なぜ、上手くいっていないことばかりに目を向けちゃうの？

自分の「狭いものの見方」で「素晴らしい出来事」が「最悪のごとき出来事」になってしまったり、自分の「決まりきった解釈の仕方」で「なんでもない出来事」が「大問題」になってしまったりすることがよくおわかりになったことと思います。しかも、その自分自身の解釈の仕方によって、その後に続く人生の「結果」がまったく違うものになってしまうこともよくご理解いただけたことと思います。「引き寄せの法則」は、良きにつけ、悪しきにつけ、いつも「あなたの思った通りになる」ものなのです。

つくづく「人間って本当に面白い生きものだなぁ」と思うのですが、単純に「なにかあったとき、自分にとって都合の悪い解釈をしてしまう」だけでは飽き足らないんですね。たとえとっても恵まれた環境にいたとしても、その中でもまるで重箱の隅をつつくがごとく、「自分にとってあまり上手くいっていないこと（つまりネガティブなこと）」を探しに探しまくってしまうのです。

私の個人コーチングの際にもときどきこんなことが起こります。あるクライアントさんがひとつの問題を抱えてコーチングに来られたとします。そして、だんだんと「自分にとって都合のよい解釈の仕方」を身につけていかれ、気分も安定し、人生もだんだん楽しくなっていき、そもそも当初「問題」だったこと自体も解消していくのですが、今まで「不安や心配だらけの心の状態」にあまりにも長くいたために、「問題がない状態」に逆に居心地の悪さを感じてしまうのです。ただ単に「その状態にまだ慣れていない」だけなのですが……。すると、その人は無意識に「次なる問題」を探し始め、今までお話ししてきたように「自分で問題をでっち上げる」というようなことをし始めるのです。

つまり、人間って悲しいけれど「ネガティブなことを常に探しまくっている生き物」だと言い換えても過言ではないかもしれません。「そんなことばっかりしてたら神経すり減るばかりで、毎日クタクタに疲れ果てちゃうだろうな?」と、年中ご機嫌な状態でいないと気が済まない私としては思ってしまうのですが。

今から25年くらい前、私がアメリカに渡った直後に起こった出来事です。環境の激変があって、まだ身体が状況の変化についていけなかったのでしょう。ある日、私はひどい膀胱炎にかかってしまいました。あまりに痛みがひどかったので、慌てて病院に駆け込んだのですが、そのときに払った医療費はおよそ3万円！「え〜っ？　たかが膀胱炎1回の治療で3万円？？？」と、本当にビックリしたことを今でもはっきり覚えています。そして、自分は今まで日本という、社会福祉の分野ではいかに恵まれたありがたい国に住んでいたのかを、つくづく思い知ったのです。海外で暮らしたことのある方は同じような経験を何度かされていらっしゃると思いますが。

ここでなにが言いたいのかというと、基本的に「人生が上手くいく人」と「人生が思い通りにならない人」の大きな違いのひとつは「感謝」なのだということです。「人生が上手くいく人」は、毎日自分の周りの素晴らしい出来事を見つけては、ありとあらゆることに感謝している傾向がある一方で、「人生が思い通りにならない人」は、いつも「政治が悪い」「会社が自分を評価しない」「あの人のせいで……」と自分の周りのネガティブなことを探しまくっては不平不満ばかりを並べたて、感謝の「か」の字もなかなか出てきません。

ちょっと余談になりますが、飢餓が原因で亡くなる人の数は、世界中で一日にどれくらいになるかご存じでしょうか？　なんと、たった一日でおよそ4万〜5万人にも上り、一年間では1500万人以上の人が飢餓で亡くなっているのです。そして、そのうちの7割以上が子どもたちだと言われています。また、私たち日本人のように食べるものが十分に手に入り、一日3食を食べているのは、世界中でたった2割の人たちだけなのです。

こんな事実を目の当たりにすると、「ああ、私ってなんて恵まれてるんだろう！」「幸せな環境にいたのね、ありがたいなぁ！」って思いませんか？　その後で「K大学補欠合格」の話とか、「おばさん」の話とかを聞いたとしたら、どう感じるでしょうか？　「そもそも、それってどこが問題なの？　補欠だってなんだっていいじゃない！　学校に行けるだけでもありがたいのに、そのうえそんな最高の大学に入れて本当に本当に幸せよね！」とか、「おばさんであろうがなかろうが、そんなことどうだっていいわよね！　こうして私たちは毎日3食ちゃ～んと食べられてるのよ！　元気で仕事ができるってだけでも本当にありがたいことよね！」って感じませんか？

そして、今まで「大ごとに思えていた問題」が、本当に本当にささやかな問題であったことにあらためて気づくはずです。

つまりね、私たちはふだん、あまりにも「自分の小っぽけな世界」に住んでいて、自分の目の前のことにしか目が行かなくなっており、だからこそ「いつも決まりきったものの見方や解釈の仕方」しかできず、すべてをネガティブに捉えるばかりで、本当はどんなに自分が恵まれているのか、どんなに幸せな立場や状況にいるのかなど、ちっとも気づこうとしていないのです。

幸せになるための基本は「感謝」です！

だからこそ、「まずは自分の今置かれた状況の中で、感謝できることをいっぱい探しましょう！」と言いたいのですが、このようなことをお話しすると、決まってこんな質問をしてくる人がいます。

「それって、小さな幸せで満足しろってことですか？」

いえいえ、決してそうではありません。「私たちはみ～んな、もっともっと幸せになるべきだ！」と、私は常々そう考えています。ほとんどの人は自分の中の「無限の可能性」のごくごく一部しか発揮していらっしゃらないからです。「自分の可能性をすべての人が伸び伸びと発揮したら、いったいどんな素晴らしい、どんなすごい世の中になるのだろう？」と、いつも考えてはワクワクゾクゾクしてしまいます。

そもそも「感謝する」ためには、なにか「良いこと」を探さなければなりません。私たちは

「良い」と思えることに感謝するわけで、「悪い」と感じることに感謝はできないものです。つまり、「感謝」をたくさんするような人は、いつの間にか無意識に「良いことばかりを探す癖」が身についているということです。そして、「感謝」は「嬉しい」という喜びを含む「ポジティブな感情」ですから、そこにまた「引き寄せの法則」が働いて「良い出来事」となって自分の人生に返ってくるわけです。

一方、「感謝」の気持ちをあまり感じないような方は、残念ながら、無意識に「悪いことを探す癖」がすっかり身についてしまっています。そして、いつもなにかに腹を立てたり、怒ったり、不安になったり、悲しんだりという「ネガティブな感情」を出し、そこにまた「引き寄せの法則」が働いて「悪い出来事」となって自分の人生に返ってきてしまうわけです。

つまり、「感謝」をたくさんする人は、自然に「良いことばかりを探す癖」がつくため、良い感情がたくさん出て、結果的に良い出来事を人生に次から次へと引き寄せるという「好循環」を生み出していますが、「感謝」しない人は、「悪いことばかりを探す癖」から抜けきれず、ネガティブな感情ばかりを撒き散らしてしまうため、結果的に悪い出来事を人生に次から次へと無意識に引き寄せてしまうという「悪循環」にはまってしまっているのだということです。だからこそ、「感謝」は「幸せな人生を築き上げる基本中の基本」のようなものなのです。

そして、ここからがさらに肝心なところなのですが、自分の人生の中で感謝できることをたくさん探したうえで、「そうだ！　私の人生はここも上手くいっている！　あそこも上手くいっている！　わぁ〜、実は上手くいってることだらけだったんだ！　じゃあ次もきっと上手くいくわよね」とか、「な〜んだ、そうか！　私は実は人生の成功者だったのか！」などと思いながら次なる夢や目標に向かえば、きっと「それ」を引き寄せることができると思います。だって、あなたはもう自分で「上手くいく人」「恵まれている人」と思っているわけですから。

ところが、自分の人生の中で感謝することなどほとんどなく、いつも自分をどこか「失敗者」か「上手くいっていない人」のように感じたまま次なる夢や希望に向かったとしても、残念ながら、結局「それ」は上手く引き寄せられない結果になることでしょう。だって、あなたは「失敗する人」「上手くいかない人」と相変わらずご自身で思い込んでいるのですから。

つまり、簡単に言えば、そもそも「感謝」というしっかりした「土台」があれば、自分自身を悲観しなくなるどころか「恵まれた人間」だと思えるようになり、従ってますます「恵まれた出来事」を引き寄せることになるのだということです。言い換えれば、「感謝」は「いつも自分の小っぽけな世界」に住んでいる私たちの視野をいつの間にかドンドン広げていってくれ、「いつも決まりきったものの見方や解釈の仕方」から抜け出す助けをする役目も果たしてくれるわけです。ねっ？「感謝」って「幸せの万能薬」みたいなすごいものだと思いませんか？

要は、自分の人生に日々たくさん「感謝」をしながら、そのうえでさらに豊かで幸せな人生を目指していけばいいわけで、実はそれはとても理にかなっているし、だからこそ「上手くいくに決まっている」のです。

「感謝できること」は山のようにあります！

まだ私が20歳過ぎで「引き寄せの法則」を知らなかった頃、なんのきっかけだったのかは忘れましたが、当時自分が使っていたスケジュール帳の余白のページに、毎日「その日の嬉しかったこと」を書き出していました。「今日は、友人の○○ちゃんから電話があって食事の約束をした」とか、「職場で尊敬する○○さんから褒められた」とか、「家に帰ったら大好きなプリンがあった」とか、そんなささやかなことばかりだったと記憶しています。そして、書き終わってから、「嬉しかったなぁ！」「美味しかったなぁ〜！」と思い、そんな喜びを私に運んできてくれた友人や家族に、自然に「ありがとう」という感謝の気持ちが湧いてきていました。

そして、そんなことをしばらく続けているうちに、いつの間にか私の「その日の嬉しかったことリスト」は毎日毎日ドンドン増え続けていってしまい、小さなスケジュール帳には書ききれないほどになっていきました。「面白いなぁ〜！　なんでかわからないけど嬉しいことが毎日ドンドン増えていくなぁ」と、当時の私は不思議に思っていたものです。そして、とうとう書ききれなくなった私は、ついにスケジュール帳に書くのをやめてしまったのですが、そんなことを毎晩繰り返していたので「感謝する癖」がいつの間にか身についたのだと思います。

さて、こんなことをやっていた私の「嬉しいこと」が毎日だんだん増えていったのは、今思えば当然のことです。すでに説明したように、私は毎日「自分にとって嬉しいこと」を次々と探し始め、「嬉し～い！」という喜びの感情や「ありがとう！」という感謝の気持ちを毎日毎日出し続けていたので、そこに「引き寄せの法則」が働いて、またまた「嬉しいこと」「感謝したくなるような出来事」が次から次へと私の元に返ってきていたのです。このように人生に与える感謝の効果には絶大なものがあります。

「腹の立つことは山のようにありますけど、感謝できることなんてそんなにありません」という人にたまに遭遇しますが、先ほどからお話ししているように「ちょっと視点を変えてみる」と、実は私たち自身や私たちの身の周りは「感謝できるものだらけ」です。「プロローグ」でパラオに行ったお話をしましたが、自然界を見渡せば感謝したくなるようなものがごまんとあります。見たこともないような美しい魚たち、驚かされたり、笑っちゃいたくなるような動物たち、それはそれは美味しい果物や食べもの、そして時と場所によって実にさまざまな姿を見せてくれる川や海や山や空。自然界をざっと見渡すだけでも「私たちって、なんて美しくて素晴らしいところに生まれてきたんだろう！」と驚嘆して感謝の気持ちが溢れてきてしまいます。

また、ほんの身近なところでは自分の身体です。シャワーを浴びているときなどに、つくづく自分の身体の動きを眺めてしまったりするのですが、「こんなに自由自在に動く手って、なんて巧妙にできているんだろう！」と自分の手に感謝したりとか、「それを見ているこの目も完璧だ！」と思ってしまったりとか。また、なにか行動を起こした瞬間にも「こうやって歩いたり、走ったり、跳んだりできる足って本当にすっごいなぁ～！」と、またまた感謝感激しています。

自分の車に乗ったら乗ったで、「昔は歩くことでしか人は移動できなかったんだなあ」などと考えては、車を発明してくれた人、また車を作ってくれた人たちに対して「あぁ、本当にありがたい」という感情が湧いてきますし、美味しいケーキを食べたら食べたで「こんな美味しいものをそもそも誰が考え出してくれたんだろう？」と考えて感激してしまい、またまた感謝感謝です。

私がふだんの生活の中で「感謝していること」を挙げるとしたら、とても書ききることなどできないでしょうが、いつも何気なく目にしているものをじっくり「観察」してみたり、「当たり前」という視点ではなく「いつもとちょっと違った視点」で身の周りのものを眺めてみると、このように本当に「感謝したくなるものだらけ」だということにきっとお気づきになることでしょう。

WORK 3

さあ、あなたも「感謝できること」をいっぱい探してみましょう！

さあ、これまでお話ししたことも参考にしていただきながら、あなたも今日から「感謝できること」をいっぱい探してみましょう。最初のうちは私が昔やっていたように「嬉しいこと日記」とか「感謝日記」とか、毎日5つくらい感謝できることを探して、ノートに書き出してみるといいかもしれません。こうしていくうちに「感謝」が「癖」になる、つまり、「良いことばかりを探す癖」が自然に身につくことでしょう。そして、本当は自分がどれだけ恵まれた環境にいたのか、どんなに素晴らしい世界に住んでいたのかを再発見されることと思います。

それでは早速ですが、「感謝できること」を日常生活の中からたくさん探す練習をしてみましょう。そして、「感謝」が自分の「癖」になるまで続け、いつも「好循環」を自らの手で起こし、自分の人生に良いことばかりを引き寄せる体質になりましょう！

【嬉しいこと日記】または【感謝日記】

例 今日は久しぶりに○○さんと電話で話ができた！
楽しかった！　ありがと～う！

例 今日行ったレストランのお料理は最高だった！
美味しかった！　どうもありがとう！

例 今日見た夕焼けは本当に本当に美しかった！　ありがとう！

column 2

自分をリセットするプチワーク

背筋を「ピン！」と伸ばしてみる！

なんだか心がドンヨリして、落ち込んでいるときの自分の姿勢をよ〜く見てみてください。顔は下を向き、背中が丸まっていませんか？

そんなときには、まず顔を上げ、背中を「シャキーン！」と伸ばしてみましょう。それだけでも不思議と身体中にエネルギーがみなぎってくるのを感じるはずです。

それでもまだ気分が変わらなければ、「よっしゃ、やるぞっ！」と叫びながら片腕を力いっぱい天に向かって伸ばしてみましょう。

身体と心はまさに「一心同体」ですから、身体の状態を先に変えてあげると、気分も変わることがあります。ネガティブな思考から脱するためにも、背筋はいつも伸ばしていたいものです。

Chapter

3

「創造力」を開花させるワーク

「そもそも望みが叶いやすい人」vs.「望みが叶いにくい人」

何年か前に引き寄せ関連の本でとても興味深い話を見つけました。「そもそもあなたは自分の願ったものや望んだことを叶えやすい人なのか？　それとも叶えにくい人なのか？」を簡単にテストしてみましょうというものです。早速ご紹介しますので、まずご自身でちょっと試してみませんか？

【千の鏡がある広間に迷い込んだ、２匹の犬】

ある寺院に鏡が千もある大きな広間がありました。

ある日、１匹の犬がこの広間に迷い込みました。見ると、無数の犬が自分のほうを見ています。

なんだ、こいつら！　その犬は、鏡の中の犬に吠えかかりました。

するとと鏡の中の犬たちも同じように歯をむき出してうなり返したのです。そこで犬はもっともっと怒って吠えました。それを繰り返しているうち、ついに疲れ果てて死んでしまいました。

しばらくして、別の犬がこの広間に迷い込んできました。そして、前の犬と同じように鏡の中の犬を見ました。

うわあ、なんてたくさん仲間がいるんだろう。喜んだ犬はうれしそうにシッポをふりました。

するとどうでしょう、鏡の犬も同じようにシッポをふって歓迎してくれたのです！　すっかり気をよくしたその犬は意気揚々と広間を去っていきました。

さて、あなたはどちらのタイプの犬でしょう？　1番目、それとも2番目？

その本には、「2番目のタイプの犬」だと答えた人のほうが「そもそも望みが叶いやすい人だ」というようなことが結論として書いてありましたが、私もまったくその通りだと思いました。

私なりにこのテストの解釈をさせていただくと、**「望みが叶いやすい人」「ポジティブなことを探す癖がついている人」というのは、そもそも「自分にとって都合のいいようなものの見方ができる人」**だと言い換えることができます。従って、自分自身のことに関しても良い面を見る癖がすでについています。だから、自分の姿が鏡に映ったときにも（また他者を見たりしたときにも）「あっ、優しそうな仲間がいっぱいいる！」と思い、嬉しくなってしまうわけです。そして、こういう人は何かを望むときにも、当然ポジティブに、「上手くいくだろうな」と考える傾向があるため、望んだことが叶いやすくなるわけです。

一方、「望みが叶いにくい人」というのは、そもそも「自分にとって都合の悪いものの見方をしてしまう人」「ネガティブなことを探す癖がついている人」だと言い換えることができます。従って、自分自身のことに関しても悪い面を見る癖がすでについてしまっています。だから、自分の姿が鏡に映ったときにも（また他者を見たりしたときにも）「飛びかかってきたらどうしよう？　やられる前に先にやっておかなければ」などと恐れたり、不安になったりしてすぐに攻撃態勢に入るわけです。そして、こういう人は何かを望むときにも、当然ネガティブに、つまり「どうせ上手くいかないだろう」「無理に決まってるわよ」などと考える傾向があるため、望んだことが叶いにくくなるわけです。

地球上で「もっとも自分の望みが叶いやすい人々」は、間違いなく「子どもたち」です。特に幼稚園児や小学生ぐらいの子どもの引き寄せの力は抜群です！　子どもたちは生きている年数が短いために、そのぶんネガティブなものの見方、つまり自分にとって都合の悪いものの見方がまだほとんどこびりついていません。そのために自分が本来持っている創造力を簡単に伸び伸びと発揮できるわけです。

また、これからお話しする「ビジュアライゼーション（想像する）」のやり方を知るや否や、次から次へと望んだものを引き寄せては、自分の中の「創造力」の力《パワー》をバンバン発揮し始める人がときどきいるのですが、そういう人は間違いなく、先の「千枚の鏡の前の犬」の話の中で「私はシッポをふりだす犬だわ！」と答えるに違いありません。反対に「ビジュアライゼーション」のやり方を知っても「望んだものがちっとも引き寄せられない」「来ない、来ない！」「引き寄せの法則なんて働いてないんじゃないの？」などという人は先ほどの「千枚の鏡の前の犬」の話の中で「私は吠えだす犬だ」と答えている可能性が高いです。

でも、自分が「吠えだす犬のタイプ」だったからといって、「どうせ私は望むものを引き寄せられないのね」などと早合点してあきらめたり、悲観したりしてはいけません。「私は私をいくらでも変えることができる」と信じれば、「引き寄せの法則」によって本当に自分をいかようにも変えることはできるのですし、そもそもこういう人だって「自分の望まない方向」にではありますが、すでに上手に引き寄せの法則を使っていると言えるのですから。ただ、今後はできるだけ「自分にとって都合のいい方向」に自分の中の創造力を使えばいいだけの話です。

ピンポイントでものや状況を引き寄せる最強のツール：「ビジュアライゼーション」

さて、すでに前章までに度々、また先ほども「ビジュアライゼーション（想像する）」という言葉を使いましたが、これは私たちの中に生まれながらに備わっている「創造力」を「意識的に上手に賢く使う方法」のひとつです。そして、私はなにかピンポイントで「これ」というものを引き寄せたいとき、あるいは「こんな状況を望みたいな」という明確な場面が思い浮かべられるような場合には、必ずこの「ビジュアライゼーション」を使っています。

この「ビジュアライゼーション」は、急にイチゴが食べたくなったようなときにでも、また理想通りのマンションに住みたいと願うようなときにでも、私にとってはいつでもどこでも日常茶飯事に行っていることであり、特に「これは絶対に叶えたい！」というような「ここぞ！」というときにこそ、私の最強のツールになってくれているものです。「引き寄せの法則」をすでによくご存じの方には申し訳ありませんが、ここでは「ビジュアライゼーション」についてまだあまりよくご存じでない方のために少し説明しましょう。

そもそも「引き寄せの法則」というものによって、私たちの人生では「自分の思っていることが現実になっている」わけですが、第1章ですでにご理解いただいたように「自分の潜在意識に届かない思いや感情」は、実際には「現実化」しないのです。つまり、自分の夢や希望を叶えようと思ったら、なんとか「それ」を潜在意識に確実に届くようにしなければいけないわけです。潜在意識に届いて初めて、今度は「それ」が宇宙に伝わり、宇宙が「現実化」してくれて、私たちの人生に「なにかの出来事」として返ってくるのですから。

そして、すでに説明した通り、潜在意識は「あなたが一定の時間思ったり考えたりしたこと」「あなたが頻繁に思ったり考えたりすること」「あなたが強烈に思ったり考えたりしたこと」は確実にキャッチしてくれるわけです。「ビジュアライゼーション」とは、直訳通り「想像する」「イメージする」「ビジュアル化する」という心の中の行為のことなのですが、この潜在意識の「一定」「頻繁」「強烈」という特徴のうちの「一定」と「強烈」を組み合わせたようなものなのです。それ故、潜在意識にとても伝わりやすく、従って自分の望むものや状況を確実に「現実化」することができるため、私はこの「ビジュアライゼーション」という方法を特にみなさんに声を大にしておすすめしているわけです。

実は、ピンポイントで「これ」というものや状況を引き寄せるための方法は、この「ビジュアライゼーション」だけではありません。例えば、「私は憧れのブランドのハンドバッグを手に入れます」などと自分の望むことを文章にして紙に書き出してみたり、何度もその言葉を口にしてみたりするというようなやり方もあるのですが、今までのさまざまな実験結果から「潜在意識は、言葉よりもイメージのほうに強く反応する」ということもわかっていますので、だからこそ私は「ビジュアライゼーションって本当に最強のツールだな」と考えているわけです。しかも、そのやり方はあまりにも簡単で、説明すれば小さな子どもにだってすぐできちゃうくらいです。

では、ここで、早速「ビジュアライゼーション」のやり方をごくごく簡潔に説明しましょう。

ビジュアライゼーションの詳しいやり方や注意事項等をお知りになりたい方は、前掲の『誰でも「引き寄せ」に成功するシンプルな法則』（講談社）をお読みいただけると幸いです。

❶「たった今、あなたの夢や望みが叶った場面」を具体的に明確にイメージする

❷そのイメージを見ながら、自分の夢や希望が叶った喜びを思いっきり感じる

❸最後に、宇宙に「ありがとうございました」と感謝する

これをさらに短く言えば、「ビジュアライゼーション」とは「見る」「喜ぶ」「感謝」するという、たったこれだけのこと。しかも「ビジュアライゼーション」にかかる時間は、短いときでほんの20~30秒、長いときでも、ものの数分くらいです。本当に簡単すぎるほど簡単でしょう？

そして、あとは安心して待っていると、「宇宙」が「それ」をあなたの元に「早く確実に届く方法」を考え出してくれて、後日、なんらかの形で「あなたの現実」となって返ってくるのです。

一番大切なのは「強い喜びの感情」です

「ビジュアライゼーション」のやり方について、「こんな感じ」ということをご理解いただくために、ひとつ、私の過去のわかりやすい体験談をお話ししましょう。

私は大好きな学者さんの講演会に出席していました。講演の始まる前に「今日はみなさんにいろいろプレゼントをご用意しております」というアナウンスが突然流れ、いくつかのプレゼントの説明の中に、その学者さんの「サイン本を10名様に……」と聞こえてきました。そのとき、「そのサイン本いいなぁ～！」と思ってしまった私は、そこですかさず「ビジュアライゼーション」したのです。

私が心の中でイメージしたのは、「受付でそのサイン本を受け取り、『やった、やった～！』と喜び浮かれている私」です**（これがイメージを「見る」です。実際に現実化したら「きっとそう**

なるだろうな」という場面を予測してみます）。そして、そのイメージの中では、私はすでに当選して本をいただいているところなのですから、その喜びを「まるで今、ここで起こっている事実かのごとく」リアルに感じ、思いっきりその喜びを味わいます（**これが「喜ぶ」です**）。そして、その後は心の中で宇宙に対して「ありがとうございました」と呟きます（**これが「感謝」です**）。こうしてものの1分もしないうちに「ビジュアライゼーション」を終了しました。その後は、ただひたすら講演会を楽しんでいました。

さて、講演会が終わり、再びアナウンスが流れ、いよいよ当選者の発表です。その学者さんはとても有名な方でしたので、会場には数千人も来場していたのですが、他のどのプレゼントでもなく、「サイン本10名様」のうちにちゃ〜んと私が入っていて、私がイメージの中で見た通り、帰りがけに受付で本をいただくことができました。今でもその本は記念に大切に持っていますが、私がいつもどんな感じで「ビジュアライゼーション」しているのか、おわかりいただけましたでしょうか？

ところで、この「ビジュアライゼーション」については、多くの方から同じ質問を繰り返し受けています。それは「イメージの中の自分を客観的に見るのか？　それとも主観的なのか？」というものです。つまり、「自分の姿をまるでテレビ画面に映っているがごとく客観的に見ているのか、否か？」ということです。これは決まりでもなんでもありませんが、私の場合は「テレビに映っているかのような自分」を、目をつぶっている今の自分が見ています。そして、この「客観的に自分を見る方法」をみなさんにもおすすめしています。

なぜかというと、すでに何度かお話ししたように、潜在意識に確実に自分の望みを届けるためには、「強烈」つまり「強い喜びの感情」が必要だからです。まるでテレビ画面に映っているかのごとく自分を見ている場合、画面の中の自分も夢が叶って大喜びしていますし、目をつぶってイメージを見ている「今の私」もそれに感情移入して喜びを感じ、とってもとっても嬉しくなります。つまり、ここで「画面の中の私」と「今の私」のふたりぶんの喜びが出ているわけです。だからこそ、その喜びは相当「強烈」なものになり、従って潜在意識にしっかりキャッチしてもらえるので「現実化」するというわけです。

それから「そもそも自分の姿が描けない」という人がいますが、そのような場合は自分の写っている写真などをじっくり眺め、「ふんふん、私ってこんな顔してるのね。スタイルはこんな感じね」ということがだいたいつかめたなと思ったらパッと目をつぶり、今見た写真の中の自分の姿をイメージとして心の中に映し出してみてください。これを何回か繰り返しましょう。そのうちにだんだん自分の姿が簡単に描けるようになると思いますよ。

WORK 4

実際に「ビジュアライゼーション」をやってみよう!

それではここで、私と一緒にこの「ビジュアライゼーション」を試してみませんか？　まず、「なにか自分が食べたいもの」をひとつ考えてみてください。できるだけあなたのお気に入りのものを具体的に、例えば「○○のレアチーズケーキ」とか、「□□の焼き肉」とか、「△△のプリン」とか……。

実は「食べもの」の引き寄せはとても成功率が高いので、私はコーチングの中でもクライアントのみなさんに「まずは食べもので練習してみましょう！」といつもおすすめしています。なぜかというと、人は「食べもの」をイメージしたときには、「イメージを見る」という「視覚」だけでなく、甘い、辛いといった「味覚」や、トロンとした感じ、カリッとした歯ごたえといった「食感」、こんがり焼き上がった匂いといった「嗅覚」、つまり五感をフル動員して自分のイメージの中に注ぎ込みます。そして、五感をフルに使うことによって、イメージがより「リアル」に感じられるのです。

よく、誰かが「梅干し」の話を始めたりすると、聞いていた周りの人たちが「やだ、私まで口の中が酸っぱくなってきちゃったわ！」などと言い出したりしませんか？ 私たちは過去に「梅干し」を食べた経験があるので、そのときの味や食感を覚えていて、「梅干し」という言葉が耳から入ってきたとたんにそれを「リアル」に簡単にイメージできてしまうわけです。そして、「梅干し」を食べているわけでもないのに、「まるで今食べているかのように」口の中で感じてしまうわけです。ねっ？ 私たちの想像力って面白いでしょう？

だから、「今までに食べたことがないから食べてみたい」と思うものより、「過去に食べて美味しかった」と思ったものを選んでください。そして、あなたのお気に入りの食べものが決まったら、いよいよ「ビジュアライゼーション」に入りましょう。すでにお話ししたように**「ビジュアライゼーション」とは、「たった今、あなたの夢や望みが叶った場面」を具体的に明確にイメージすること**です。例えば、「〇〇のレアチーズケーキ」をお望みなら、それがたった今、どこかからあなたの元に届いたところをイメージするのです。あなたの心の画面の中には、チーズケーキを目の前にした「あなた」が映っているはずです。

お望みの大好きなチーズケーキが今届いたところなのですから、イメージの中のあなたは大喜びし始めることでしょう。次に、さらに自分のイメージを一歩進めて、そのケーキを食べる準備を始めてください。ケーキを箱から取り出して、お皿やフォークを取りに行って、いつもケーキを食べるときにするような行動を想像してみましょう。

それから、「いただきま～す！」と言って、イメージの中でそのチーズケーキをひと口食べてください。このときに「味覚」「食感」「嗅覚」などをフルに使って、「今、実際にチーズケーキを食べているつもり」になってください。そうすれば、イメージの中のあなたは、きっとこんなことを言うでしょう。「あ～っ、やっぱり○○のチーズケーキって最高！」と。そして、イメージの中のあなたは「美味し～い」と喜んでいますから、それを見ている「現実のあなた」もその喜びを感じるはずです。

「美味しい、美味し～い！」と、イメージの中のあなたと現実のあなたの両方が十分に喜びを味わったなと思ったら、ここであなたの「イメージ」を終わりにします。目を開けて、最後に宇宙に対して「ありがとうございました」と感謝の意を表しておきましょう。これで「ビジュアライゼーション」はすべて終了です。実に簡単でしょう？

先ほどもチラッとお話ししましたが、「ビジュアライゼーション」の後は安心して宇宙にお任せして待っていればいいだけです。「誰が届けてくれるんだろう?」とか、「どこからどうやって来るんだろう?」などと、あなたがいちいち「プロセス」を考えてはいけません。あなたの肝心なお仕事は、自分の潜在意識に「自分の望み」をちゃ〜んと伝えることであり、その先のお仕事は「宇宙」のお仕事だからです。

ただ、ときどき「ビジュアライゼーション」の後に、なにか「直感(なぜだかふとそう思うこと)」が来ることがあります。例えば、「急に友達のA子ちゃんに電話したくなった」とか、「今日はふと違う道を通って帰りたくなった」とか……。もし、このような「感じ」が来たときには「それ」に従ってみてください。「ビジュアライゼーション」をして、その後「直感」に従ってみたら、望んだもののところまで導かれたというようなことが多々あるからです。

さあ、ビジュアライゼーションをやってみよう!

あなたの望んだものは、こんな風に届きます

読者の方から「ビジュアライゼーションの後、あなたの望んだものはこんな風に届きますよ」ということがとてもよくわかる体験談をいただきましたので、ここでちょっとご紹介させてくださいね。

水谷先生はじめまして。突然のメール失礼致します。どうしても引き寄せの体験を聞いていただきたく、メールさせていただきました！

今年の初めくらいに水谷先生の本に出会いました。読んだらわくわくしてきて、早速、引き寄せを試してみたのです。

仕事中に「今日はケーキが食べたいな」って思ったときのことです。「ケーキを食べてる自分」を想像しながら、買って帰ろうかなっとも考えていました。「いちごのタルトも食べたい

し、チョコのケーキも良いなぁ」って。私の仕事は、いつもは夜9時くらいに終了なのですが、その日はめったにない早上がりだったので、お気に入りのケーキ屋さんに寄れるかなと思ったんです。

まず、帰りにATMでお金をおろそうとしたら、ATMの不具合で5分くらい待ち、その後ケーキ屋さんへ行きました。しかし、なんとそのケーキ屋さんはお休みだったのです。でも、どうしても食べたくて、今度は駅前の百貨店に向かいました。

途中、「コンビニに寄ろう!」って、なぜだかふと思い、コンビニから百貨店に向かいました。コンビニに寄ったために、いつもとは違う入り口から百貨店に行きました。すると、たまたま父に遭遇。ケーキを買おうと思っていることを父に言うと、今日家に叔母が来て、なんとケーキを持ってきてくれたと言うのです!

ATMで待たなかったり、ケーキ屋さんがお休みじゃなかったり、コンビニに寄らなかったりしたら父にも会わず、自分で買うところだったので「ラッキー」と思いながら帰宅。しかも、私に残してくれていたのは、見事に私が望んでいた「いちごのタルトとチョコケーキ」だったのです!

「引き寄せちゃった〜!」って、めっちゃくちゃ嬉しくなり、思わず「宇宙さんありがとぉ〜」

って心の中で叫びました（笑）。　Ｍ様より

ちょっと途中で「自分で買おうかな」と考えてしまっていたところもありますが、「ケーキを食べている自分」をちゃ〜んとイメージしていたＭさんは、見事にお望みの「いちごのタルトとチョコケーキ」を引き寄せていますよね！　この話の興味深いところは、宇宙が「おいおい、自分で買いに行かなくていいんだよ！」とばかりに、Ｍさんの行ったケーキ屋さんをお休みにしていたり、Ｍさんが「ふとコンビニに寄りたくなり（これが直感です）」、そのためにお父様に偶然会えて「叔母様からケーキをもらったこと」を知ることができたことです。これもまるで宇宙から「ほら、だから自分で買わなくていいんだってば！」とダメ押しされているように思います。

結局、このＭさんの場合には、「お望みのものを叔母様が届けてくれた」ということになるわけですが、このように「ビジュアライゼーション」をした後には、あなたの思いもよらぬところから、思いもよらぬ形で「それ」が届くことが多いのです。だからこそ、Ｍさんのように突然来た「直感」には従ってみるものの、後は自分で何とかしようなどと思いわずらうことなく、「宇宙が必ずなんとかしてくれる」と思って安心して待っていましょう。

それからもうひとつ肝心なことを。Ｍさんはケーキを見たときに、とっても喜んで「宇宙さん

ありがとぉ〜」と感謝していますが、このようにあなたの望んだものがちゃんと手元に届いたときには大喜びし、そしてまた感謝の思いをたくさん出しておきましょう。なぜなら、この「喜び」や「感謝」の気持ちが、「また次なる喜びの出来事」や「さらに感謝したくなるような出来事」を、あなたの元へと引き寄せてくれるからです。

先に「やわらかい心」を作っておいたほうがいい

ここでひとつ注意点を。「ビジュアライゼーション」のやり方を初めて知るや否や、「それじゃあ、早速、宝くじで2億円当たったところをイメージしよう！」というような人が必ずいるのですが、まだ一度も「引き寄せ」の体験がないうちから、2万円や20万円ならまだしも、「2億円当たる」ということを果たして心から信じられるものでしょうか？

「宝くじで2億円当たる」というビジュアライゼーションをしてはいけないなんて決まりはどこにもないのですが、結果、「ほら、やっぱり願いは叶わなかったわ。引き寄せの法則なんて本当は働いてないのよ！」などと短絡的に結論づけてしまうことになりかねません。そして、今までの人生と同じ、つまり自分の「創造力」を意識的に上手に賢く使うことなどさっさと諦めてしまうのです。これではもったいなすぎるでしょう？

そのために先にお話ししたように、まずは日常生活の中の小さな出来事（例えば、食べもの）

から「ビジュアライゼーション」の練習をしていくことをおすすめしています。特に最初のうちは、まだ「引き寄せ」というある意味「奇跡か魔法のような体験」に理性が慣れていないので「疑い」の気持ちが出やすく、従ってその「疑い」のために現実化が起こらない場合があります。でも、小さなもので試していくうちに「あれも来た！」「これも引き寄せた！」「この願いも叶った！」という体験を繰り返していけば、あなたの理性もようやく納得し始めて「次も必ず引き寄せられるよね！」と思えるようになります。こうなってしまえば、ますます「ビジュアライゼーション」も成功していくわけです。

また、この章の最初でお話しした「千の鏡がある広間に迷い込んだ、2匹の犬」の話を読んで、特に「私は吠えだす犬のタイプだ」と答えた人は、いろいろ「ビジュアライゼーション」を試す前に、すでに前章で説明したような「やわらかい心」をできるだけ作っておいたほうが良いと思われます。「吠えだす犬のタイプ」の方は、残念ながら、なんでもネガティブに思ってしまう傾向が強いため、なにかを「ビジュアライゼーション」したとしても、同時に「どうせこんなことしても無理よね」「叶うわけないわよ」などという否定的な考えが無意識にドンドン出てきてしまうからです。

こういう人も、いきなり「2億円の宝くじを当てる」と望む人と同じように、「ビジュアライゼーション」をやってもやっても自分の望むことが引き寄せられないため、結局「そもそも引き寄せの法則なんて存在しないのよ！」などと結論づけてしまうことになるのです。これもまた本当に本当にもったいない話です。

すでにお話ししたように、「やわらかい心」を作るためには、できるだけ「ものごとを自分にとって都合のいいように解釈できる」癖を身につけていっていただきたいのですが、それと同時にこんな言葉を何度も何度も自分に言い聞かせるのも効果的でしょう。

「私が望んだものは必ず引き寄せられる！」「私の夢は絶対に叶う！」「私は自分の人生を思い通りにできる！」——先にあなたがこのように思い込んでしまえば、「引き寄せの法則」によってまた「その通り」になってくれるからです。

「一生懸命ビジュアライゼーションしているのですけど、そして、それが叶うと信じてもいるのですが叶いません。どうしてでしょうか？」という質問も受けるのですが、ほとんどの場合は「本当はそれが叶うと心から信じきれていない」からです。ご本人は頭で一生懸命「信じよう、信じよう」としていらっしゃるとは思うのですが、心の底では無意識に「失敗したらどうしよう」とか、「やっぱり無理かも」などと考えてしまっているのです。

残念ながら、あなたがなんと言おうとも、潜在意識や宇宙にはごまかしが一切通用しないのです。つまり、「引き寄せの法則」というものは、いつも「あなたの心の奥底にある思い」「あなたが本当はなにを信じているのか」を見事に現実化してしまう法則なのだということです。だから、あなたが頭で「こう思いたい」「これは叶うと信じよう」と一生懸命に考えていたとしても、実は心の奥底から心配や不安が出ていれば、その心配や不安のほうが現実になってしまうということです。

さあ、創造力を思いっきり開花させましょう！

「ビジュアライゼーション」について、こんな質問を受けることがあります。「未だかつて自分で経験したこともないことは、イメージすることができないのですが……」という類いのものです。

ちょっと自分の身の周りのものを見渡してみましょう。私たちがふだん目にしたり使ったりしているもの、例えばテレビ、自動車、飛行機、パソコン、電話、洋服、靴、テーブル、椅子、食器などなど、ありとあらゆるものが「こんなものがあったら便利だろうな」「こんなものがあれば素敵だな」という、初めは誰かの「想像」から現在の形になったものばかりです。つまり、これらのものは、そもそもそれらがまだ存在さえしていないときに、誰かが心の中で「イメージ」したものから始まったものばかりだということです。

このように人間というものは、なんにもないところからさえ「なにかを創造できる」というものすご〜い力を本来持っているわけです。小学生の頃などに「未来を描きましょう！」という課題を与えられて、クレヨンや絵の具で「自分が考える未来の世界」を伸び伸びと描いた記憶はありませんか？　ある子どもの絵の中では、高層ビルの間を自動車が飛んでいるでしょうし、またある子どもの絵の中ではロボットがいっぱい登場しているというような……。そう、誰でも子どもの頃は、自分の持つ想像力を上手に、思いっきり使っていたわけです。でも、大人になってしまった今では、ちょっとそれを忘れてしまっていて……。

しかも、「経験したこともないことはイメージできない」とおっしゃる人に「では、どんなところをイメージしたいのですか？」と尋ねてみると、例えば「ギリシャ旅行を引き寄せたいんですが、ギリシャなんか行ったことがなくて……」とか、「〇〇という職業に就きたいんですが、知り合いにもその職業の方がいないので、一体どんな場面を描けばいいのかわからないんです」とか。つまり、未だかつて誰も体験したことがないような「火星に降り立った自分がイメージできないんです」とかならまだしも、すでにどこかで多くの人が実現したようなことばかりです。

私が今まで「ビジュアライゼーション」をして現実化してきたようなこと、例えば「自分の本を出版する」「市議会議員に当選する」「アメリカに留学する」などなど、これらのことすべてが私にとってはもちろん「未経験」のことばかりでした。1作目の本を出版するまで、私は本を出版したことはなかったわけですし、「アメリカ留学」が実現するまで、私はアメリカ本土に足を踏み入れたことすらなかったわけで……(笑)。

つまり、自分にとってたとえ「未体験」のことであっても、今の時代「イメージなんていっくらでも描けるでしょう?」と言いたいのです。なぜって、テレビや映画やインターネットや雑誌等でどれだけでも情報をかき集められる時代じゃないですか。

私が「自分の本を出版する」と決めたとき、まず過去に観たテレビドラマなどのさまざまなシーンを思い浮かべてみました。ドラマの中ではときどき、「編集者さん」や「作家さん」などが登場して、打ち合わせしたり、一緒に食事しているシーンなんかがありますよね? ときには出版社の社内の様子も出てきたりもします。それらの情報を頭の中で集めながら、「出版社って、きっとこんな感じの社内よね?」とか、「たぶんこんな会話をするんだろうな」とか、「編集者さんて、すっごいやり手なんだろうなぁ」とか、「初めての本は手渡しでもらうのかな?」などと、いろいろ空想を巡らしたのです。そして、「自分の初めての本が出来上がって、それを渡された瞬間はこんな感じ」というイメージがだいたい出来上がったら、そこで「ビジュアライゼーション」するわけです。

つまり、「経験したこともないことはイメージできない」と言う人は、単に情報がまだ不足しているだけだということです。まずはインターネットで自分の夢に関する情報をいろいろ調べてみたり、テレビや映画を観て、自分の夢のイメージに使えそうな場面をたくさん探してみたり、雑誌やパンフレットなどで関連する写真を片っ端から集めたり……。

ギリシャ旅行をイメージすることなどとっても簡単です。ギリシャのガイドブックを買ったり、旅行社からパンフレットをもらってくればギリシャの写真がたくさんありますよね？ その中から「ここに行きたいな」という建物の写真でも見つけたら、その写真の中に「その建物の前に立っている自分の姿」を置けばいいだけのこと。もちろんイメージの中のあなたは「やった、やった〜っ！ ギリシャについに来ちゃった〜！」と、そこで大喜びしておくのをくれぐれもお忘れなく（笑）。

イメージは伸び伸びと大胆すぎるくらい大胆に！

先ほど「ビジュアライゼーション」で一番大切なのは、「強い喜びの感情」だとお話ししましたよね？　この「強い喜びの感情」こそが潜在意識にあなたの望みをキャッチしてもらう秘訣ですよ、と。でも、実はこのビジュアライゼーションにおける「感情」についてもよく質問があるのです。「ビジュアライゼーションをしても、あまり喜びの感情が出てこないのですが」と。

確かに、人によっては「感情が出やすい、感情が出にくい」といった違いがあるとは思います。長い間、自分の感情を押さえつけてきたような人は、最初の頃は喜びの感情もちょっと出にくいかもしれません。が、それ以上に、自分の夢が叶ったところのイメージを見ても「感情が出にくい原因」は、実は「自分の描いたイメージそのものがつまらない」「そもそもイメージの中の自分もまったく大喜びしていない」という理由があるのです。

私のコーチングのクライアントにも「ビジュアライゼーションで実際にどんなイメージをして

いるのか？」を尋ねるのですが、「こんなイメージです」とそれを聞いている私も、残念ながらちっともワクワクしないことがあります。大変失礼ながら、「そんなんじゃ、そりゃあ、喜びの感情なんか湧いてこないでしょう？」って感じなのです。

みなさん、テレビでドラマを観たり、映画を観たりしますよね？　ごくごくありふれた日常生活ばかりが淡々と流れていたら、そりゃ全然面白くないですよね？　ドラマでも映画でも視聴者や観客を飽きさせないような仕掛けが随所にちりばめられていて、だからこそ私たちはハラハラドキドキしたり、お腹を抱えて笑ったり、クライマックスで涙を流したりするのではありませんか？

また、ドラマや映画では背景やセッティングにも多大なるエネルギーを注いでいると思います。よりドラマティックに仕立て上げるために、海辺のレストランや高級ホテルのラウンジという設定にしたり、背景にはそれはそれはきれいなお花畑が広がっていたり、夕日が沈んでいく海が映っていたり……。だからこそ、私たちはこんなシーン全体を観て、「ああ、美しい！」とか「なんて感動的！」などと、ますます感情を揺さぶられるわけです。

でも、残念ながら、喜びの感情が出てこないとおっしゃるみなさんの「ビジュアライゼーション」のイメージは、こんなテレビドラマや映画のワンシーンのような感じじゃないんです。一番わかりやすい例が「パートナー」を求めていらっしゃる方のイメージなのですが、もし私だったら、海の見える飛びっきり素敵なレストランなどで「私の未来の理想のパートナー」と食事をしているシーンのイメージなんかから始まり、「ねえ、今度の休みはなんの映画観に行く？」などと、二人で楽しく会話している場面などを思い描き、その後、外に出て歩いている最中になぜか真っ赤なバラの花束を急に差し出されちゃったりして。「キャ～ッ、なんで～っ！　うっそ～！嬉し～い！」と大騒ぎしながらメチャクチャ喜ぶ私の姿をイメージしますけどね（笑）。

つまり、「見ている自分も食い入るような、のめり込んじゃいそうなイメージを描きましょう！」「見ている自分が『ああ、素敵！』とウットリしてしまうほど飛びきり素敵なシーンを描きましょう！」ってことなんです。そうすると、またこんな質問が飛んでくるんですけどね。

「バラの花束なんてもらったことないし」と（笑）。

あのね、バラの花束をもらえるかどうかなんて、実際にはどうでもいいじゃないですか！　この場合においては「素敵なパートナー」と出会うことこそが肝心で、そのために「あなたが喜びの感情を出す」ことがもっとも大切なのですから。「あなたがどんなシーンだと興奮するのか」「どんなことに嬉しいと思うのか」をじっくり考えて、「ビジュアライゼーション」のイメージの中に上手に組み込みましょう。

それから、「イメージを見ている今の自分」に喜びの感情が湧いてこないのは、画面の中の自分が「大喜びしていない」からです。例えば、子どもたちにチョコレートなどをあげると、「わ〜い！ わ〜い！」と喜んで、ピョンピョン飛んだり跳ねたりしますよね？ それを見ていて、チョコレートをあげた大人も「そんなに嬉しいのね」と思い、こっちまでまた嬉しくなっちゃうのです。つまり、これと同じこと。

画面の中のあなたは「たった今、夢が叶ったところ」なのですが、「ああ、それはどうも……」みたいな、感情もへったくれもないぶっきらぼうな反応を示していれば、それを見ている現実のあなたのほうも「へっ？」って感じになることでしょう。私なんか、いつもビジュアライゼーションのイメージの中の自分は、まるで子どものように「キャ〜ッ！」だの「エ〜ッ！」だの言いながら、何度も何度もジャンプしたり、「万歳三唱」したり、踊ったり騒いだりしています（笑）。だからこそ、その喜びが今の私にも十分に伝わってきて、イメージを見ながら今の私も一緒になって踊り出し、「やった〜！ 来た〜っ！」と叫んだり、転げ回ったりしてしまうのです。

あなたの中の「創造力」をくすぶらせておくのではなく、このように意識的に、上手に賢く、しかも思いっきり伸び伸び活き活きと日々活用してみましょう！

column 3

自分をリセットするプチワーク

「深呼吸」することを習慣にしよう！

　私は「呼吸」をとても重視しています。恐れたり怒ったりしているときの私たちの呼吸は速くて浅く、いい気分でいるときは深くてゆったりとしているのにお気づきでしょうか？　つまり、呼吸と感情は直結しているのだということです。

　なにか「問題」と呼べそうなことに直面したときはもちろんのこと、それ以前にふだんから「深呼吸」することを習慣にしておきましょう。深くゆっくりとした呼吸を何度か繰り返していると、それだけで気分がとても落ち着いてくるものです。

　できれば「腹式呼吸」をお勧めします。「腹式呼吸」とは、お腹を膨らませる呼吸のことですが、なにも難しいことを考えなくても、私たちは寝転がったときには自然に「腹式呼吸」をしています。

「深呼吸」は、私たちの感情をすぐに安定させてくれる、つまり穏やかでリラックスした「い～い気分」にさせてくれる、「引き寄せ」の集中力を高めてくれる、一番手軽で便利な方法だと思いますよ。

Chapter

4

問題と向き合うワーク

「問題」に遭遇してしまったときの上手な対処法

第2章では、そもそも「問題」ではなさそうなことでさえも、私たちは自分で勝手に「問題」に仕立て上げてしまって、そのために、ひたすら悩んだり落ち込んだりしてしまうというお話をさせていただきました。でも、長〜い人生の中では、「これはどこからどう見たって問題でしょう」と思えるようなことも起こってしまいますよね？　ここでは、そんな「問題」と呼べそうなものに遭遇した場合に、それとどう向き合っていけばいいのかということをお話ししましょう。

そもそも人生で「これは本当に問題だ」と思うようなことと言えば、大きく分けて「人間関係」「経済的なこと（仕事）」「健康」とそれに付随するようなことぐらいしかないと思うのですが、今までずっと説明してきたように、あなたの人生に起こるどんな出来事も、すべての原因はやはり「あなたの思考」でしかあり得ないのです。

よく、なにか「問題」が起こったときに、その問題そのものと格闘し、現実を変えようと必死にもがいてみたり、または他人が原因と決めつけて、相手をなんとか変えようとこころみる人がいるのですが、実はそんなことをしていても問題はまったく解決しません。一時的に問題をすり抜けたような気がする場面もあるとは思いますが、根本的な解決がない限り、つまり、あなたの思考という「原因」が変わらない限り、また次から次へと同じような問題に繰り返し遭遇してしまうことでしょう。

それではここで、そもそも「問題」と呼べるような出来事に遭遇してしまったときの上手な対処法を説明しておきましょう。問題に遭遇した直後は、多少慌てふためいてしまうかもしれませんが、ちょっと冷静になってまずこう考えるのです。「あれ？　また私、思考の出し方をどこかで間違っちゃったのね」と。実際、ただそれだけのことなのです。過去のどこかであなたが「変な思考」を出してしまったか、長年「妙な考え方」を何度も何度も出し続けていたからこそ、そんな問題が起こってしまっただけのこと。

つまり、「問題」に遭遇することは、あなたの中の「変な思い」「妙な思い込み」「間違った考え方」などを発見する「チャンス」でもあるということなのです。また、多くの人は「問題」と呼べそうなものに直面すると、それを過大に、しかも超深刻に捉える傾向が強いため、ますます「もう、どうしようもない！」とパニックになって冷静さを失います。しかし、そこで「あれ、ちょっと間違っちゃった？」程度に自分で思うことができれば、パニックに陥ることなく、冷静に問題に向き合えるのです。

さて次に、「その問題の責任はやっぱり自分自身にある」と、その責任を潔く自分で引き受けてください。先ほどお話ししたように、特に他人が絡むような問題が発生したときには、「相手が悪いのよ、私はちっとも悪くなんかないわ！」などと思いたくなるものですが、このようなことをいくら言い張っていても、残念ながら現実を一向に変えることはできません。でも、実はあなたが「その問題」を創り上げたわけなのですから、あなたがちゃんと責任を引き受けて、また自分の思考を変えていけば、状況をいくらでも変化させることができるのです。

「問題の責任を自分で引き受ける」という話をすると、勘違いして「ええ、そうよ！　どうせ全部私が悪いのよ！」と開き直る人がいるのですが（笑）、「責任を自分で引き受ける」ということは「自分が一方的に悪い」と「自分を責める」ことではありません。

「どこかで私が変な思考を出しちゃったから、こんなことが起こったのね」と、単純に「自分がその事態を引き寄せた」と思いましょうということです。

そして次に、「私は人生を望むように変えられる！」とか、「私には現実を変える力がある！」と心から信じましょう。もしも不安に陥りそうになったときには、何度も何度も自分に繰り返し言い聞かせてください。「私は人生を望むように変えられる！　私は人生を望むように変えられる！」と。ここで、「失敗」とか「最悪の事態」などに目を向けるのではなく、「可能性」のほうにしっかりと自分の目を向けさせるのです。

そして、「可能性」に目を向けながら、「この状況から自分はどこに行けたら嬉しいのだろうか？」と思いを巡らせてみてください。つまり、「この問題がすっかり解決して、理想の状態になっているところ」を考えてみるのです。例えば、「病気が完治して、健康になって伸び伸びテニスをしている場面」とか、「ケンカした友人と、また元のような楽しい関係に戻っているところ」とか、「借金を無事完済して大喜びしている状況」とか……。そして、それがどのように解決されるのかなどは一切考えずに、あなたが望むその場面を「ビジュアライゼーション」するのです。

【「問題」に遭遇してしまったときの上手な対処法】

❶「ありゃ、ちょっと間違っちゃった？」程度のことだと捉《とら》え冷静になる
❷自分の中の「変な思い」などを発見する「チャンス」だと考える
❸「その問題の責任は自分にある」と、ちゃんと自分で引き受ける
❹「私は人生を望むように変えられる！」と信じる
❺「理想の状態」を考え、それを「ビジュアライゼーション」する

いつの間にか逆子が直った！

「問題に遭遇してしまったときの上手な対処法」の例として、ここでは私のコーチングのクライアントの方からいただいた素晴らしい体験談をご紹介しましょう。

水谷様、Sです。いつもいろいろな媒体を使っての前向きなメッセージありがとうございます！

今日もご報告があります。実は3週間前の妊婦検診で逆子と言われてしまいました。しかも逆子体操をしても直る可能性は5％ということで、逆子体操を教えてももらえませんでした。聞いたときにはとてもショックで、誰かに話さずにはいられないような状態になり、それからは直す方法ばかりを考えてしまいました。

でも、よくよく考えているうちに「これは私が引き寄せたんだ！」ということに気づいたのです。実は、私が妊娠してからというもの、実家に帰るたびに「あの子やあの子は逆子だった」とか、私が何かをするたびに「そんなことしたら逆子になるわよ」と、母から嫌というほど言われ続けていたので、「逆子」という言葉が頭にこびりついてしまっていたのです。

そんなことに気づいたので、ここでいろんな人に話したらさらに「それ」がもっと潜在意識にこびりつくだろうと思い、旦那さん以外の人には誰にも言わずにおきました。そして「そうだ！ こんなときこそ引き寄せだ！」と思い、ビジュアライゼーションをして元に戻そうと思ったのです。

まずは赤ちゃんの元の正しい位置を調べて、頭に焼きつけました。そして、ビジュアライゼーションでは、まずしっかりとリラックスして、そしてお腹を撫でながら「頭はこっちだよー！ 元に戻ってくれてありがとう！」と赤ちゃんに声をかけながらイメージしました。そして最後に、宇宙さんに「ありがとうございました！」とお礼を言っておきました。

それから2週間後のことです。私は里帰り出産をするので、2週間後の検診では新しい病院に移っていたのですが、そこのお医者さんに「前の病院で逆子と言われた」ということを話したら、「え？ ちゃんと頭は下ですよ！ 大丈夫ですよ！」と不思議そうに言われたので、私のほうがびっくりしてしまいました！ だって私がやったことと言えば「ビジュアライゼーション」

だけだったのですから……。

予定日は3週間後なのですが、今度は「出産は痛い」ではなく「気持ち良くツルン」と産んで、「ガッツポーズしてる自分」をビジュアライゼーションしているので怖くありません（笑）。常に「私は幸運体質」と自分に言い聞かせているせいか、毎回お医者さんからは「Sさんは安産ですねぇ〜、きっと」と言われ、血液検査も異常なく、お腹の張りもまったく気にならず普通に生活をしています。

今回の件でますます自信がついたので、これからは自分の身体にもどんどん引き寄せを使っていこうと思っています。　ＳＳ様より

私は医学の専門家ではありませんので、いったいＳさんの身体になにが起こって、こういう結果になったのかについてはさっぱりわかりませんが、とにかく「Ｓさんの望んだ通りの結果」を宇宙が運んできてくれたことだけは確かですよね（笑）。Ｓさんはそもそも引き寄せがお上手なのですが、今回の件でますます確信されたことでしょう。「やっぱり引き寄せの法則はすごすぎる！」と。

このように、たとえ「問題」に直面してしまったとしても、あなたさえ「私は人生を望むよう

に変えられる！」「私には現実を変える力がある！」と信じてさえいれば、そこからまた本当にいくらでも現実を創り変えていくことができるのだということです。

「自分は正しい！」いつの間にか そう思い込んではいませんか？

今からもう20年以上も前、まだ私がアメリカに住んでいた頃、こんな出来事がありました。私がレストランに食事に行ったときのことです。アメリカのほうが日本より喫煙制限が厳しいのですが、そんなアメリカでもまだ今のようにレストランできちんと分煙されていなかった時代だったと記憶しています。

私の横のテーブルには二人の男性が座っていて、たばこを吸っていました。もちろん、それ自体は違法でもマナー違反でもありません。すると、しばらくして、彼らの後ろの席に座っていた女性（私の斜め前のテーブルに座っていたご婦人）が、突如として立ちあがり、たばこを吸っている二人の男性のほうを向いて仁王立ちになったのです。大変失礼ながら、その女性は推定体重100キロを超えるかという巨体。そして、突然、すさまじい勢いでジェスチャーを始めました。

「まるで煙を意地でも払いのけるかのように」片手を腰に当てて、もう一方の腕を大きくブンブン振り回す……。今にもぶち切れそうなほどものすご～い剣幕で。ご婦人は一言も言葉を発しはしないのですが、腕を右へ左へとビュンビュン振りながら、「ああっ！」とか「もうっ！」とか唸《うな》ったり、「チェッ！」と何度も舌打ちをしたり。それを目撃してしまった私は、驚きと共に瞬間的にこう思ったのです。「うわっ？　もしかして、これって私？」と。

どういうことか説明しますね。そもそも私は、まずこのご婦人の気持ちを察することができました。実は、私も元々、例えば電車の中で大声で喋っている人や、ゴミを平気で道にポイッと捨てる人など、つまり、常識や公共マナーの欠けている人たちを見ると、咄嗟《とっさ》にイラッとか、ムカッときてしまうタイプだったのです。もちろん、このご婦人のように、相手の目の前に行ってあからさまに「嫌悪感」をぶつけたりはしないですよ（笑）。でも、そんなときの私の心の中のイライラ状態が、このご婦人のとっている行動と「まるで同じ」だと気づいたわけです。

その店は禁煙ではありませんでしたし、客観的に観察してみても、「たばこを吸っている男性たち」は、別に悪いことをしたわけではありません。たまたま煙がご婦人のほうに少し流れていってしまったのかもしれませんが。それに対し、このご婦人がとった行動は、第三者的に見ていて、どこからどう見ても「奇妙」でした。まるで、「私は、いつだって正しいのよ！」と大声で主張しているかのようでもあり……。

つまり、私はこのご婦人と同じ「行動」はとらないものの、心の中はこのご婦人がとった行動と同じような状態（イライラしたり、ムカついたり、怒りで煮えたぎっている状態）になっているのだと気づいたわけです。「そうか！　私は心のどこかでいつも『自分は正しい』と思って反射的にムカついてたのね？　でも、本当に奇妙だったのは、実はそんな私の心の反応だったんじゃない？」と。

だって、よく考えてみれば、例えばこのご婦人の例を取ってみても、なにも突然こんなに怒りに燃えなくったって、「あの、煙がこちらにたくさん来るんですけど、ちょっと気をつけていただけますか？」と言えばよかっただけのことでしょう？　電車で大声を出す人を見ても、「よっぽど嬉しいことでもあったのかしら？　嬉しけりゃ、そりゃあ大きな声になっちゃうわよね」などと解釈すれば、自分の心が煮えたぎることはないはずですよね？

実は、なぜ、私がここでこんな話を持ち出しているのかと言うと、残念ながら多くのみなさんがこのご婦人や私と似たようなところをお持ちだからです。親御さんの躾《しつけ》が厳しかったり、「常識」や「マナー」などを徹底的に植えつけられて育った人は、親に口うるさく「○○してはいけない」とか、「○○な人は常識外れだ」などと叩き込まれてきたために、「常識外れな人」や「マナーのなっていない人」をちょっと見ただけで、反射的にイライラしてきたり、怒りが込み上げてきてしまうのです。

そして、実は親に口うるさく言われたこととまったく同じことを、心の中で無意識に叫んでいるのです。「まったく、もう！　常識外れにもほどがあるわ！」「いったいどんな親に育てられたのかしら？　親の顔が見たいものよ！」「人の迷惑になるって、なんでわからないのかしら？」と。

つまり、あなたがかつてさんざん言われてきたようなことを、今度はそれができていない人を探し出しては、心の中で同じように相手に投げつけているってことです。まるで今までやられてきたことの「仕返し」をするかのごとく。

「すっごいオバサン！」は、あなたの中にも住んでいるかも？

私は、先のアメリカのご婦人のことを自分のコーチングの中では「すっごいオバサン！」と呼ばせていただいているのですが（笑）、実は多くの人の心の中にもこの「すっごいオバサン！」が住んでいるのです。常識やマナーから外れた人などを世間で発見するや否や、このオバサンが突如としてバッと飛び出してきて、心の中で相手を非難し、大騒ぎを始めるのです。だからこそ、あなたの感情はすぐに乱れ始め、イライラやムカつき、そして怒りでグチャグチャになってしまうのです。まるで、「おかしいのはあなたのほうよ、私じゃないわ！」「私はいつだって正しいのよ！」と叫んでいるかのように。

でも、多くの人がこの「すっごいオバサン！」が自分の心の中に住みついてしまっていることにあまり気づいていません。私の場合と同じで、先のご婦人のように「行動」では「怒り」を示さないからです。もし、あなたが非常識な人やマナーを守らない人を見たときに心の中でイライララしたりすることがあったとしたら、この「すっごいオバサン！」が住みついてしまっている可能性が高いです。

そして、この「すっごいオバサン！」が住みついてしまっている場合、「イライラする自分」に対して、居心地の悪さをどこかですでに感じていらっしゃるはず。当然です。イライラしていて「気分がいい」人などいないですからね！　さらに、このオバサン、「自分はいつだって正しい」と言わんばかりに、いつも常識やマナーから外れた人々を探し回っては「批判する」傾向がありますから、ひどくなると「人間関係のトラブル」を引き寄せてしまうのです。

ちょっとここで、「引き寄せの法則」のもうひとつ重要な点をお話ししましょう。それは、前章でもチラッと触れましたが、「『引き寄せの法則』は、いつだって『あなたの本心』に働く」ということです。先ほどから何度も繰り返していますが、私も、そして多くのみなさんも、先ほどのアメリカのご婦人のように「行動」においては「自分の怒り」や「自分のイライラ」を出すことはありません。でも、「引き寄せの法則」は、そんな「行動」の部分に働いているわけではなく、いつでも「あなたの本心」、つまりこの場合「自分の怒り」や「自分のイライラ」に働くのですよということ。

「私は言いたいことも言わず、逆に我慢ばかりしているのに、なぜこんなひどい現実ばかりが起こるのでしょうか？」とか、「他人に嫌なことを言ったり、したりした覚えはまったくないのに、どうしてこんなことになるのでしょう？」という人がときどきいるのですが、「あなたがなにをした」とか、「なにをしなかった」などとは関係なく、「あなたがなにを思っていたのか」「なにを心の中から出していたのか」ということこそが肝心なのだということです。

つまり、悪口を当の本人に言ったり、他人にあからさまに嫌なことをしていなくても、いつも心の中から誰かに対して「怒り」「憎しみ」「嫌悪感」などを出していれば、「引き寄せの法則」によって「それ相応のこと」が人生の出来事として返ってきてしまうのだということです。そして、こんなことにまったく気づかないで過ごしていると、いつの間にか「人間関係のトラブル」に巻き込まれてしまったりするわけです。

でも、ご安心ください。自分のイライラの原因が「すっごいオバサン！」が住みついていたせいだったのだとわかれば、もうこっちのものです。「カラクリ」がわかったのですから。

今後は常識やマナーのなっていない人を見て、自分の心がイライラし始めたらこう考えてみるのです。「あっ！　私の中の『すっごいオバサン！』が出てきた！」と。そして、常識やマナーのなっていない人に注目するのではなく、「あなたの中の『すっごいオバサン！』」に目を向けてください。オバサンが嫌悪感を丸出しにして、煙をふりはらっているところを思い浮かべましょう。

こんなオバサンが住みついている自分、誰かに見られでもしたら、ちょっと恥ずかしくないですか？　だからこそ、このオバサンが表に出てこないようになだめてあげるのです。「オバサン、オバサン！　あなたの気持ちはわかるけど、もしかしたらあの人だってなにか特別な理由があるのかもよ。今、あの人のお母さんが入院中で、病院から緊急電話でも入ったのかも。だから車内で電話しているのかもしれないじゃない？」などなど。

こんなことを何度か繰り返しているうちに、だんだんあなたは「すっごいオバサン！」を手なずけていき、最終的にはこのオバサンはおとなし～くなっていくものです。そして、気がついたときには、いつも反射的にイライラしていたあなたのその「怒り」や「嫌悪感」もだんだん減っていき、気分よく過ごせる時間が増えていることと思います。

あなたが変われば、「問題」は不思議と消えるのです！

それではここで、会社の上司との人間関係の問題を抱えていた私のコーチングのクライアントの方が、あっという間に望み通りの状況を引き寄せた素晴らしい体験談をご紹介しましょう。「自分が変われば、人生はいくらでも変えられる」という、まさに「お手本」のような体験談です。

先日のコーチングの後、先生がジェスチャーしてくださった「偏った正義感を振りかざすオバサン」が、あまりにも私そのものだったので頭から離れませんでした。客観的に見ると、「私って視野狭いし、ギスギスしてるな〜」と心から思いました。それからは、「許せない！」と思う出来事に遭ったときには、いつも「オバサン」を思い出し、「違う違う！　みんないろんな事情を抱えているし、自分の怒りは見当違いかもしれないから、オバサンちょっと落ち着いて！」

と、アドバイスいただいたように心の中でブツブツ言ったり、先生のジェスチャーを思い出しては、ひとりニヤニヤしたりしていました。

何度かそう思い直しているうちに、「あのイライラはなんだったんだろう？」というぐらいに徐々に落ち着いた気分で過ごせるようになってきて、イライラする出来事自体にほとんど出会わなくなりました。一番のイライラの対象であった上司にさえ、「この人も仕事への意欲の出し方が不器用なだけかも？」とか、「理不尽なことを言ったりしたりした後は、ひとりで傷ついているのかも？」とか、以前の私では考えられない優しい気持ちが芽生えてきました（笑）。

だって、それまでの私から見た上司は、「部下に仕事を任せず（他人を信用していないため）、すべて一人で抱えてイライラしている」「ちょっとしたことですぐに感情的になり、それに任せた言動をする」「愚痴やイヤミを言う、悪口を言う」「そんな振る舞いをするくせに、どこかオドオドしている」というような人で、いつもそんなところを見ては、むかついて腹がたってイライラしていたのですから。

でも、先生のコーチングを受けてオバサンの話をしていただいた後、「上司の中にもオバサンがいる！」と思ったんです。つまり、「オバサン＝私＝上司」って気付いて、自分の言動が恥ずかしくなったと同時に、「上司も私と同じで本当は仕事を頑張りたいだけなのに、表現が下手くそなのかも！」と思い直したんです。私から見た上司は、きっと周りから見た私でもあったと思います。今思うと「ぞっ」としますが（笑）。

そう思えるようになってからは、仕事中のやり取りも以前よりスムーズになってきた気がするし、なんとなく前より居心地いいし、「さらに働きやすくなったらもっといいな〜」と明るい気分で過ごせていました。すると、それから約半月後、本当にびっくりなんですが、突然上司の異動が発表されました。上司はまだうちの部署に配属されてから2年ほどで、うちの会社ではこんな短期での異動は珍しいことです。

さらに聞くと、上司の転勤先は彼のご実家の近くで、「両親の面倒を見られるようになる」と本人はいたく喜んでいるとのこと。私は上司のことがもう嫌いではなくなっていたため、異動をあえて願っていたわけではないのですが、上司にとってもいい話だったので、引き寄せたんでしょうね〜。それか、私の「嫌い！」という執着がなくなったというか、気にならなくなったからかな〜と思います。どっちにしても、自分の考え方を変えたとたんに、本当に「あっ」という間に現実が変わりました。「引き寄せって、宇宙さんって、皆が納得いく形にうまくまとめてくれるんやなぁ！」とつくづく思いました。

そして、なんと、今ではその大嫌いだった上司と内線電話で軽く冗談を言い合えるぐらいの仲にまで関係が改善されてるんです！　自分でもびっくりなんですが、本当に嬉しいです。こんなマンガのようなドラマのようなことが自分にも起こるなんて、今これを書いていても、自分でまだびっくりしています。

ほんとに水谷先生からはたくさんの気付きやパワーをいただけて、心から感謝しております！ありがとうございました！　これからもますます良いものを引き寄せられるように、自分の気持ちや感情を確認しながら対処したいと思います！　ＳＫ様より

長年の「思い込み」によって引き寄せている問題もある

先ほどの「すっごいオバサン！」の例もそうなのですが、私たちは育ってきた環境の中で、毎日同じような言葉を親から繰り返し聞かされたり、また同じようなシーンを家庭内で何度も何度も目撃しているうちに、「人間ってこういう存在なんだ」「男ってこうなんだ」「女ってこういうものなんだ」「人生ってこんな風なんだ」「お金ってこういうものなのか」と、実に多種多様な「考え方」を知らず知らずのうちに身につけてしまうのです。そして、このような考え方は、すでに13歳くらいになる頃までにはすっかり出来上がってしまっていて、以降、よっぽど意識的に自分で変えようとしない限り、これらの考え方を後生大事に抱えながら生きてしまうことになるのです。たとえそれらの「考え方」が、あなたにとって決して良くない考え方だったとしても……。

このような長年にわたって自分ですっかり信じ込んでしまっている考え方のことを、私は「考え方の癖」と呼んでいるのですが、あなたの中の「考え方の癖」が良いものであれば、もちろんなんら問題ではありません。例えば、「私は強運の持ち主だ」と思い込んでいる人は、長年いつもそう信じ込んでいますから、そこに「引き寄せの法則」が働いて、その通り、あなたはいつだって本当に運のいい出来事をたくさんご自身の人生に引き寄せることでしょう。

でも、中には「ネガティブな考え方の癖」も山のようにあります。例えば「私はいっつも運が悪い」「私には特別な才能なんてなにもない」「私は自信がない」「人生は苦行だ」「喜びの後には悲しみが来る」「人生は自分の思い通りに決してならないものだ」「私は自分の好きな人からは愛されない」「お金を稼ぐってことは楽じゃない」などなど、数え上げたらもうキリがありません。

そして、このような長年あなたの心の中にこびりついてしまっている「ネガティブな考え方の癖」によって、あなたの人生に「問題」を引き起こしているケースもとても多いのです。

あるとき、私がふとテレビをつけてみると、ある女性タレントが、こんなことを話しているところでした。「私の最初の夫は、暴力をふるう人でした。特に最初の子どもが生まれてから、彼の暴力はますますひどくなり……」と。この女性と最初の旦那様の間には、結局3人のお子さんが生まれたのだそうです。それを不思議に思ったのでしょう。あるコメンテーターが彼女にこんな質問をしました。「1人目のお子さんが生まれたときには、旦那さんはすでに暴力をふるい始めていたのでしょう？　それなのに、どうしてまた2人目、3人目のお子さんを産んだのですか？　子どもたちにも被害が及ぶなんてことは考えなかったのですか？」と。

するとその女性はこう答えたのです。「実は、私の父も暴力をふるう人だったので、私も小さい頃から父からの暴力を受けて育ちました。だから男の人はみんな暴力をふるうものだと思い込んでいたものですから……」彼女のこの発言を聞いて驚いたコメンテーターの方々が「暴力をふるうことって普通じゃないのよ！」などと、口々に彼女を諭していましたが……。

つまり、この女性は明らかに「夫からの暴力」という「問題」を抱えていたのですが、実は育った環境の中で身につけてしまった「男は暴力をふるうもの」という「ネガティブな考え方の癖」を、それより前にすでにしっかり持ってしまっていたのだということです。そして、この「男は暴力をふるうもの」という彼女の考え方こそが、そのような「悲惨な現実」を知らず知らずのうちに招いてしまっているのだということ。

もちろん、私は、暴力をふるう旦那様を擁護するつもりはさらさらありません。「彼女が悪い」と言っているわけでもありません。ただ、彼女自身の中に「自分にとって良くない考え方の癖」があるために、こんな悲劇を彼女自身が生んでいるのだということはご理解いただけましたでしょうか？　このように「引き寄せの法則」は、常に「あなたがいつも考えている通りのこと」「あなたが信じ込んでいること」をただただ現実化していくものなのだということです。

「お金のトラブルが多い自分、いったい何が悪いのか？」

人生の中で「問題」と呼べるような出来事には、「お金」にまつわるものも数多くあります。それぞれ多少の違いはありますが、集約すると「人生の中で、お金のトラブルが多々起こるのですが、いったい何がいけないのでしょうか？」という質問を受けることがよくあるのです。そして、その多くの場合、すでにお話ししたような「自分の中にすでに植わってしまったお金にまつわるネガティブな考え方の癖」が関係していることがしばしばです。

「お金のトラブルが自分には結構多いな」「お金にまつわる問題がときどき起こるな」と思われる方は、一度、自分の育った環境を冷静にじっくり振り返ってみてください。なにか「お金にまつわる問題」を繰り返し見たり聞いたりした記憶がありませんか？

例えば、おじいちゃんが亡くなってからの遺産相続問題で、お母さんとその兄弟姉妹が何年もの長い間ずっと争っていたとか。お父さんが誰かの保証人となったために莫大な借金を抱え込んでしまって、そのお陰で自分たちも苦労させられたとか、はたまたお父さんがお酒やギャンブルばかりやっていて、なんだかんだ屁理屈をつけては、いつもお母さんからお金をむしり取っていたとか。

このような状況を小さい頃から実際に目にしたり、耳にしたりしていると、その人は無意識に「お金はトラブルの元」だと、信じ込んでしまいます。そして「引き寄せの法則」は、そんなあなたの思っていること、信じていることに働きますから、当然のことながら、その後のあなたの人生においては「お金が絡むと、なぜかトラブルが発生する」「お金に問題はつきもの」というような事態を招いてしまうわけです。

このように「お金＝トラブルの元」という考え方が心の底にこびりついている限り、また同じような事態を今後も招き続けてしまうでしょうから、今後、同じような目に遭わないようにするためには、その考え方そのものを変えなければいけません。自分の「ネガティブな考え方の癖」を変えるには、一度その考え方を実際に紙に書き出し（この場合は「お金はトラブルの元」と書き出します）、そして、今まで「その考え方」を自分の心の中に抱えていたからこそ、さまざまなお金のトラブルがあったのだと理解してください。

そして次に、それとは正反対に当たるような言葉をじっくりと考えてみるのです。もちろん、今度の「新しい考え方」は、あなたにとって都合のいいものでなければなりません。例えば、「お金はトラブルの元」の後に矢印（↓）をつけて、「お金は私の幸せの元」とか、「お金はいつだって楽しみを運んできてくれるもの」とか、いくつか書き出してみます。そして、その中で自分の一番気に入った言葉、自分の心にしっくりくるような言葉をひとつ選びます。「お金はいつだって楽しみを運んできてくれるもの」を、選んだとしましょう。そうしたら、あとはその言葉「お金はいつだって楽しみを運んできてくれるもの」を、これから毎日何度も何度も自分に言い聞かせるのです。これは声に出しても声に出さなくてもどちらでも構いませんが、できるだけ丁寧に感情を込めて、しっかり自分に言い聞かせるようにしましょう。

最初のうちは、「新しい考え方」に違和感があったり、抵抗感があったりするものです。さっきまで「お金はトラブルの元」だと、すっかり信じ込んでいたのですから、それは当然のことです。でも、そんな違和感や抵抗感を気にせず、ただひたすら新しくポジティブな言葉を繰り返してみてください。

しばらく経って、あなたの心に抵抗感がなくなってきて、「お金はいつだって楽しみを運んできてくれるもの」と言い聞かせた瞬間に、自分の心の中から「そうかも?」とか、「うん、そうだよね!」という反応が出始めたら、それは新しい言葉があなたの潜在意識に定着し始めている証拠です。もう少しそのまま言葉の繰り返しを続けてください。

　そして、「お金はいつだって楽しみを運んできてくれるもの」という言葉が、なにかの拍子に自然とあなたの心の中から湧き上がってくるようになったら、それはもうすっかりあなたの新しい考え方になったということで、その頃からあなたの現実も変わり始めていることでしょう。つまり、もうあなたにとって「お金はトラブルの元」ではなくなったのであり、お金に絡む出来事が起きたときには、今度は必ずそれに伴ってなにか楽しみを運んできてくれるような新たな現実に変わっていくのだということです。

WORK

5

自分の中の「ネガティブな考え方の癖」を発見しましょう

今までお話ししてきたように、人生の中で「問題」と呼べるようなことさえも、その多くは自分の中に長年染みついてしまった「ネガティブな考え方の癖」によるもの、つまり「原因はやっぱり自分の考え方」にあったことがおわかりいただけたことと思います。

「ネガティブな考え方の癖」を今後もあなたの心の中にそのまま放ったらかしにしておけば、また以前と同じように「問題」をいつの間にか引き寄せてしまうばかりです。

そこで、ここでは自分の「ネガティブな考え方の癖」をできるだけ多く発見し、それをあなたにとって好ましいものに自らの手で変えて、自分の本当に望む人生を創り上げていく方向に使うようにしていきましょう。

それではまず、ノートに「私は、……」「人生は、……」「お金は、……」と書き出してみてください。

次に、それらの書き出しに続いてあなたの頭の中に出てくる考えをたくさん書いてみます。あなたが、ふとした瞬間に考えてしまうようなことを探してみてください。できるだけ「ネガティブな考え方」を探してみましょう。そして、あなたがこんな「ネガティブな考え方」を長年抱いていたが故に、それに見合った現実を知らず知らずのうちに招いてしまっていたということをよく認識しましょう。

続いて、先ほどの文章の後に矢印（↓）をつけて、このまま「その考え」を持ち続けたらどうなるのかを書いて確認してみましょう。

さらに続けて矢印（↓）をつけ、今度はこれからのあなたに相応《ふさわ》しい「新しい考え方」を書き込んでみましょう。「どんな自分になりたいのか？」をよく考えながら、できるだけその前に書き出した言葉と正反対の思いっきりポジティブな言葉にしてください。できるだけ簡潔な言葉で、自分にとって言いやすいものを選びます。

そして、その後は、先にもお話しした通り、あなたの「新しくポジティブな考え方」を何度も何度も自分に言い聞かせてください。

□ 私は、運が悪い ↓ だから今まで運の悪いことばかり起こった。このままにしておけば、私はずっと運の悪いままでいることになる ↓ 「私は、とっても運がいい！」

□ 私は、魅力的ではない ↓ だから今まで男性にモテなかったり、恋愛がうまくいかなかったりしたんだ。このままだとずっとモテないままだ ↓ 「私は、とっても魅力的！」

□ 私は、

□ 人生は、修行だ ↓ だから今まで次から次へと問題ばかりの人生だったのだ。このままだと結局それの繰り返しになる ↓ 「人生は、楽しい冒険だ！」

□ 人生は、思い通りにはいかないものだ ↓ だからいつまで経っても自分の人生は、自分の思い通りにならなかったのだ ↓ 「人生は、自分の思い通りになるものだ！」

□ 人生は、

お金は、トラブルの元だ　↓　だから今までお金に関するトラブルばかりが発生していたのだ。このままだとそれの繰り返しになる　↓　「お金は、幸せの元だ！」

お金は、なかなか貯まらないものだ　↓　だからこそ、なぜだかいつも貯まらなかったのだ　↓　「お金は、ドンドン貯まっていくものだ！」

お金は、

「問題」さえも楽しんでしまいましょう！

すでに第2章でお話ししたように、実は「問題」と呼べるようなことに直面したとき、あなたの「ものの見方」や「解釈の仕方」によっては、その「問題」自体がまるで「死ぬか生きるか」のような大問題に見えたり、あるいは「笑い飛ばしたり、楽しむことさえできる程度のこと」だと感じられたりするものです。この章の最後に、私が実際に直面した出来事をお話ししましょう。

アメリカに渡ってから3年ほど経った頃、「この先のお互いの人生観の不一致」によって、私はアメリカ人の夫との離婚を決意しました。当時の私は大学で学生生活を送っている一方、専業主婦でもありましたので、自分の稼ぎはまったくなく、しかも自分の貯金はすべて学費に使っていたのでその残高もごくわずかなものでした。「離婚、即、日本に帰国という事態にもなりかねないな……」と自分でも思ってしまっていたほどです。

それでも当時の私としては、「離婚」のほうがより重要な問題になっていたため、「まあ、なんとかなるだろう」くらいに考えていたのです。そして、「いざ離婚」という決断を下したのですが、そのときになってようやく「さて、これから本当にどうやって生活していけばいいかなぁ」という経済的な「問題」に直面したのです。実際、頭で計算してみたところ、「このままでいけば、あと半年くらいしかアメリカに居られないかも？　大学の卒業も無理か？」というほどの貯金しか残っていなかったのです。

でも、すでに「引き寄せの法則」を知っていた私は、早速「なんとかなって、元気に大学にも通えているところ」をビジュアライゼーションしました。すると、驚いたことに、その日のうちに2つ、翌日に1つ、突然アルバイトが私の元へと舞い込んできたのです！　その頃にはアメリカの永住権を取得していたので、私は学生の身分とはいえ、仕事をすることができたのでした。

本業は学生だったものですから、3つのアルバイトを掛け持ちしたところで、ひと月に稼げるお金は日本円にしてわずか5万円ほどのものでした。それでも「やっぱり新しい人生は、ピカピカの家からよね！」、そんなことを思ってしまった私は、新築の4LDKのアパートを大学から徒歩数分のところに見つけ、すぐに引っ越しをし、ドイツ人2人と日本人1人と私、計4人での新生活を始めることにしたのです。その新築のアパートの家賃は1人あたり月々2万5000円。私の住んでいたところはニューヨークのような都会ではなかったため、物価が安かったのも幸いでした。

でも、月5万円ほどの収入に対して2万5000円の家賃ですから、残りの生活費はたったの2万5000円です。普通だったら、このような経済状況は当然「問題」で、大騒ぎしなければいけなかったのかもしれませんが、私は、こんなことを考えていたのでした。

「家賃も含めてひと月5万円で生活できたらすごくない？　ここが私の終着点でもないわけだし、新たなスタートなんだしね！　それに月5万円の生活なんて、将来二度とできないかもしれないわよ？　だったらどこまでできるか楽しんじゃお〜っと！」

そして、実際にそんな生活を始めてみると、「みじめだな」「困ったな」などと感じるどころか、バイト先で頻繁にランチや夕飯を出してもらえたり、その後つき合ったボーイフレンドが毎晩のように豪華な夕食に招待してくれたり……。そうこうしているうちに、気がつけば、毎月のバイト代が余るようにさえなってきて、Tシャツなどのちょっとした洋服もすぐに買えるまでになってしまいました。「すっごい！　また洋服買えちゃったよ！」とか、「あら〜、まだ5ドルも残ってる！　私ってなんてやりくり上手なんでしょう」とか。

とにかく毎日をまるで「実験の連続」のように感じながら過ごし、ついには「どんな環境の中でも生きていける自信」まで身につけてしまったような気がします。「私ってすごくない？　5万円で生活できるなら、これからだって世界中のどこででも生活できるだろうし、いつ何時でも生きていけるんじゃない？」と。

つまり、当時の私は、「月5万円での生活」という状況を「この先も延々と続いてしまうだろう問題」だとはまったく思っておらず、「自分の夢にたどり着くまでのほんの一時的なプロセス」くらいにしか思っていなかったのです。そして、私の心はいつも「夢を次々と実現していく未来の私」を見据えていましたから、現実の生活がちっとも苦にならず、むしろ「一生に一度しか味わえないかもしれない貴重な体験」だと思って楽しんでいたわけです。

多くの人が、私のこのときの「月5万円の生活」と比べると、はるかに「問題ない」人生を現在送っていらっしゃることと思います。そして、私がみなさんにお伝えしたいことは、たとえ「月5万円ほどの生活」を送っていたとしても、そこからまたあなたの望むどんなところにだって行き着けるし、また、あなたの考え方次第では、目の前の「問題」とだっていくらでもじゃれ合いながら過ごすことができるのだということです。

column 4

自分をリセットするプチワーク

「自分のテーマソング」を決めておく！

なにかを始める直前、例えば原稿を書き始めるときとか、セミナーに臨むときなどに、私はよく心の中で映画『ロッキー』のテーマ曲を流します。すると、瞬《またた》く間に「よ〜し！　行くぞ！」というハイな気分になり、エネルギッシュにそれらに向かうことができます。

また、単純に気分を高めたいときには、EXILEの『I Wish For You』を心の中で流します。すると、もう気分はノリノリです（笑）。また、自分の壮大な夢に思いを馳せているときには、ゆずの『栄光の架橋』を心の中で流して、ひとり恍惚感に思いっきり浸ります。

音楽には、私たちの気分をすぐに変えてくれる絶大な効果があります。特に自分の「お気に入り」の曲は、あえて耳にしなくてもすでに心の中にこびりついているはず……。

「今ちょっと調子がよくないな」「もっと自分をやる気にさせたいな」と思ったときには、自分をハイにしてくれるような「自分のテーマソング」を心の中でガンガン流しましょう！　それによって、自分の思った通りの気分になれることでしょう。

Chapter

5

「ゴールを見つける」ワーク

「生きてる！」という実感を思いきり味わおう！

多くのみなさんと同じように、私も小さい頃から特別になにか「将来の確固たる夢」を抱いていたわけではありませんでした。ただ漠然と「良い学校」に入り、「良い就職先」に行ければいいと考えていたくらいです。周りで「自分の夢をひたすら追求している大人」をほとんど見たこともなかったですし、「夢を追うことの大切さ」を熱く語ってくれる大人もいませんでした。

しかも、私の場合は、ちょうど私が高校に入学した頃からわが家の経済状況が急降下し、私も高校3年間はバイト漬けの毎日となり、夢や希望を考えるどころではなく、大学進学さえも諦めて「ただ生きること（なんとか食べていくこと）で精一杯」となってしまいました。そして、20歳で社会に出て数年経ち、ようやく生活が落ち着いてきた頃、ある種の「絶望感」に襲われてしまったのです。「いったい私はなんのために生きているのだろうか？」「こんなまったく自分の思い通りにならない人生を送るために、私は生まれてきたのだろうか？」と。

私はその頃、「生きている喜び」をほとんど感じていない日々を過ごしていたのです。

そこで、真剣に考えてみました。「私が今までの人生の中で『生きてる!』と本当に実感できていたのは、いつだったんだろう?」と。すぐに「中学生の頃だけだ!」という答えが頭をよぎりました。

私は中学校に入ってすぐに「バスケットボール部」に入部したのです。それから約2年半、来る日も来る日もただひたすらボールを追いかける毎日でした。私のチームは大会でいつも1回戦で敗退してしまうような、お世辞にも決して「強いチーム」ではなかったのですが、中学2年の秋に私がキャプテンとなってからは、みんなで「目標は市の大会で優勝! そして初の県大会出場!」と掲げたのです。

そして、中学3年生の夏、私のチームは市の大会で準優勝となりました。すると、その前年度に同じ市内のある中学校が県大会で優勝していたために、その年の私の市からの「県大会出場枠」が2校に増えており、準優勝だった私のチームまでもが県大会に出場できることになったのです(今思えば、これも上手な「引き寄せ」だったのです)。そして、初出場した私のチームは、県大会で3位という驚くべき結果を残すことができたのです。

もちろん、このとき、「夢を達成できた」ことも本当に嬉しかったのですが、大人になって振り返ってみると、その夢にたどり着くまでの約2年半こそが「私は生きてるっ！」と思いっきり感じられた時期だったわけです。毎日のバスケットボールの練習は、それはそれは厳しいものでした。真夏に何度も貧血を起こしたこともありましたし、吐きそうになるほどの練習もこなしました。

でも、それ以上に私はバスケットボールが大好きだったんです。絶対に上手くなりたかったし、なにがなんでも県大会に出場してみたかったのです。「あの感覚を、『私は生きてる〜っ！』というあの頃の感覚をもう一度取り戻したい！」私は強烈にそう思いました。そして、そのときピンとくるものがありました。「そうか！　自分が『生きてる〜っ！』と実感できるのは、夢に向かっているときなんだな」と。

「自分の夢や希望」は、誰がなんと言おうとも「自分の大好き」が大前提だと思いました。私がバスケットボールにあんなにも情熱を注ぐことができたのは、ただ単に自分がそれを「大好きだったから」だと経験的に知っていたからです。親や学校の先生にバスケットボールをすすめられたわけでもなく、私自身が「メチャクチャ面白い！　楽しい！」と思っていたからこそ続けられたものでした。

そして、それからまたもや必死になって考え続けたのです。「私の生きている意味はなんなのだろうか？」「私の大好きなことはなんなのだろうか？」と。それからしばらくして、ついに私は夢と希望を見つけたのでした。「そうだ！　私は将来、多くの人々がもっと幸せになるお手伝いがしたいんだ！　そして、それに関する自分の思いや考えを書いたり喋ったりして、みんなに伝えたいのよ！」と。

一方、経済的な理由で4年制大学に行けなかった私は、「いつか4年制大学に自力で行って、好きな勉強がしたい」ともどこかで考えていました。そこで、新しく見つかった「人々がもっと幸せになるように、将来は書いて話して自分の思いや考えを伝えたい」という夢と、この「4年制の大学に行きたい」という希望をくっつけて、「よし！　大学にまず入ってジャーナリズムを勉強しよう！」という具体的な目標を立てたわけです。そして、その後さらに「ミズーリ大学のジャーナリズム学部に入る」というところまで絞り込み、それから幸運にも「引き寄せの法則」に出会ったことから奇跡が次々と起こり、27歳で本当にミズーリ大学に入学できたのでした。

あなたの「好き」は「小さい頃の自分」にヒントがあるはず

小学生の子どもたちに「将来なにになりたい？」と質問すれば、「ケーキ屋さん！」「サッカー選手！」「学校の先生！」などなど、多くの答えがすかさず返ってくることでしょう。でも、大学生に同じ質問をすると「実は自分でもよくわからないんです。とりあえず就職に有利なように経済学部に入ったんですが……」とか、「特にこれっていう希望はありません。安定した企業に入れればと思います」などという返答に変化し、さらに30代、40代になってしまうと「自分がなにをしたいかなんてさっぱりわかりません」と言い出す始末。

そりゃそうですよね。多くの人は、私の若い頃と同じように大人から「とりあえず良い学校へ」「とりあえず良い就職先に」としか聞かされてきておらず、また「夢を熱く語る大人」はテレビの中にいるだけ。しかも、大人になっていく過程の中で何度か失敗を経験してしまい、「人生なんて自分の思い通りになんかならないものだ」「夢や希望は簡単に手に入らないもの」と、すっかり信じ込んでしまっているのですから。

でもね、人間はやっぱり「自分がやりたいこと」をやっているときこそが一番楽しく、幸せなんです。また、「自分がやりたいこと」を伸び伸びとやっているからこそ、「そこ」に全身全霊をかけるほどのエネルギーが次から次へと湧いてきて、「ああ、生きてるっ！」という実感を味わえるわけです。

先ほど、私も20代の前半に「私の生きている意味はなんなのだろうか？」「私の大好きなことはなんなのだろうか？」と必死になって考えたとお話ししましたが、そのときにまず「小さい頃の自分」もよくよく振り返ってみたのでした。「子どもの頃、私が夢中になっていたり、面白いなぁと感じていたことはなんだったんだろう？」と。

まず、思い浮かんだのは「本を読む」ことです。「そういえば、小さい頃から本ばっかり読んでたな〜。小学校の図書室によく行ってたっけ。しかも小説はなぜか嫌いで『偉人伝』ばっかり読みふけってたなぁ」と……。たぶん「偉人伝」ばかり読んでいたので、「人の生き方」にとても興味を抱き、同時に「人の役に立ちたい」「多くの人をもっと幸せにしたい」という思いが私の心の奥底に強く芽生えていたのだと思います。

次に思い出したのは「書く」ことです。小学生の頃から読書感想文や作文を書くのが大好きで、いつもなんらかの賞をもらっていました。「そういえば、夏休みの宿題の中で、唯一、読書感想文だけはいつも張り切って書いていたっけ」と。

また、同時に「話す」ことが好きだったことも思い出しました。「国語の時間にみんなの前で教科書を読むのが不思議と好きだったよね？　そうそう、4年生か5年生の頃から毎年放送部員にならせてもらってたなぁ。毎日お昼休みに放送室に行っては、『みなさん、こんにちは！　お昼の時間です。今日は……』ってマイクの前で楽しんで喋ってたな〜」と……。

こんなことを思い出しながら、「そうか！　私はもともと『読む』『書く』『話す』が好きだったんだな」と気づいたのです。そして、すでにお話ししたように、私の場合は大学にも行きたかったので、それを「大学での勉強」と結びつけ、「『読む、書く、話す』といえばジャーナリズムよね？」となったわけです。

当時、日本のある大学に「新聞学科」というのがあったのですが、それを発見したときに「う〜ん、私は今から新聞記者になりたいわけじゃないのよね〜。起こった出来事をただ記事にするんじゃなくて、自分の思いや考え方を伝えたいんだなぁ」などとも考えました。そして、結局、当時の日本には私の行きたいような大学がなかったために、無謀にもアメリカにまで目を向けてしまい、ミズーリ大学のジャーナリズム学部を見つけ、「ここだ！　ここなら私のやりたい勉強ができる！」と思ってしまったのです。

それまでは「生きてるんだか、死んでるんだかわからない」ような毎日で、人生をひたすら漂っていた私なのですが、「よし！　ミズーリ大学のジャーナリズム学部に入る！」と決めたとたんに自分自身が夢と希望で満ち溢れるかのようになり、久しぶりに「青春」を取り戻したような感覚になりました。そして、即刻、「そうとなれば、まず英語が話せなくっちゃ！」と英会話を習い始めたのです。

ただ、この頃はまだ「引き寄せの法則」の「ひ」の字も知らなかったですし、「まず英会話を習うこと」くらいしか頭に浮かばなかったので、その後しばらくはウロウロもしましたが、「大きな夢に向かって一歩を踏み出した自分」に対し、「生きる喜び」を確かに感じ始めていました。そして、すでにお話ししたように、それから偶然にも「引き寄せの法則」に出会い、当時の私にとっては遥か遥か彼方にあった夢である「ミズーリ大学」に本当に入学することができてしまったわけです。

WORK

6

自分の「小さい頃の大好き」を探ってみる

そもそも私は「多くの人々がもっと幸せになるお手伝いがしたい」「自分の思いや考え方を伝えたい」と考えていました。そこに小さい頃から好きだった「書く」「話す」などがくっついて、現在の「本の執筆」「講演やセミナー」「コーチング」といった仕事になっています。つまり、私の今の仕事は、「私の大好き」がすべて詰まった最高の形だとも言えると思います。だからこそ、仕事をしているときも「楽しくてたまらない」ですし、ますます私は「生きてる〜っ!」という実感を味わっているわけです。

このように「自分のやりたいこと」というものは、「小さい頃の自分の大好き」になにかしら結びついていることが多いように見受けられます。プロのスポーツ選手などのように、例えば「小さい頃からサッカーが大好きで大好きで、そのままプロのサッカー選手になった」というようにダイレクトに直結している人もいると思いますが、私の場合のように「自分の大好き」がいろいろ組み合わさっている人もいることでしょう。

先ほどもチラッと触れましたが、ほとんどの子どもたちは、生まれてから徐々に周りの大人たちの影響を受け始め、小学校を卒業するくらいの頃から「自分の純粋な好き」を見失っていきます。また中学校に入学した頃には、経済観念も徐々に出来上がりつつあり、「将来は安定している公務員」とか、「お金持ちになりたいから医者になる」などと言い始めるのです。つまり、「純粋に自分の好きなこと」よりも「安定」や「お金」に目がいくようになってしまうのだということ。

だからこそ自分の「小さい頃の大好き」を探るときには、出来れば小学生までのことを思い出すのがいいでしょう。この頃にはまだ経済観念は出来上がっていませんので、単純に「自分の好き」で動いていることがほとんどだからです。ときどき、「小さい頃の自分をあまり覚えていない」という人がいるのですが、そんな場合は、お母様にでも聞いてみてください。「ねえ、私って小さい頃、なにを夢中でやってた？」と。「あなた気がつけば絵ばっかり描いてたわよ」とか、「やたら動物が好きで、動物園に行こう、動物園に行こうって言ってたわ」などという興味深い話が出てくるかもしれません。

そして、一度それを全部書き出してみて、じっくり考えてみるのです。まず、「今もそれが面白いと思うか？」を考え、「面白いと思うこと」が見つかったら、「自分の好きをどんな風にアレンジできるのか？」といろいろ考えを巡らせてください。例えば、「動物が好きだった」ということの周辺には、「獣医になって動物を助けたい」「ペットショップを開いて動物に囲まれていたい」「動物園の飼育員が面白そう」「トリマーもいいな」などと、いろいろなものが出てくると思います。

こんなことを考えているうちに、あなたの心がとっても「ワクワク」してきたり、興奮してきたりすれば、「あなたの大好き」に近づいている証拠です。「あなたの大好き」はすぐに見つかる人もいれば、そうではない人もいるかもしれませんが、いずれにせよ「自分の大好き」を探すことこそ、幸せで思い通りの人生を送るための最も重要なお仕事だと私は思いますので、焦らずにじっくり考え続けましょう。そのうちにきっと「自分の大好き」にめぐりあえることと思います。

では、早速、その第一歩を踏み出してみましょう。

【小さい頃の自分の大好きとその周辺を書き出してみよう】

例 絵を描くこと ↓ 画家？ イラストレーター？
アニメの制作？ 画廊経営？ 絵画本の編集？

例 動物がとっても好き ↓ 獣医？ ペットショップ経営？
動物園の飼育員？ トリマー？

例 テレビばっかり観ていた ↓ 役者？ 声優？ 映画監督？
脚本家？ 翻訳家？

「自分の大好き！」を仕事にできれば最高！

よく、このような質問を受けることがあります。「今やっている仕事は、決して好きな仕事というわけではありません。やりたい仕事がないわけでもないのですが、それに向かうことで大きな犠牲を払うくらいなら、仕事は仕事と割り切って趣味に生きるのもいいかなと思ってしまいます。こんな自分はどうすべきでしょうか？」と。

もしかしたら多くの日本のみなさんが、この方と似たり寄ったりの状況にいらっしゃるのではないかとお察しします。「本当に自分の大好きなことを仕事にしている人の割合は、全体の5パーセントくらいしかいないんじゃないかな？」と私は常々考えているからです。そして、自分の大好きなことを仕事にしている人ほど、間違いなく人生の成功者になる確率も高くなっていると思われます。

毎日毎日自分の大好きなことができるわけですから、誰に指図されなくたって、面白いアイデアが次々に湧いてきちゃうでしょうし、またご飯を食べる時間や寝る時間を惜しんでさえ「大好きなそれ」を無我夢中になってやっちゃいます。当然、それに伴って成果や結果も自ずとついてくるというわけです。

また、「大好きなそれ」をやっている間は「ああ、なんて楽しいんだろう!」「やりたいことができるなんて、自分はなんて幸せなんだろう!」という気持ちが毎日い〜っぱいいっぱい出てぃますから、「引き寄せの法則」によって、当然その人の人生にさらなる「楽しみ」や「喜び」がバンバン返ってきますので、人生そのものにも絶大なるいい影響を与えることにもなっています。

さて、実は私はそもそも「仕事」という言葉があまり好きではありません。どうも日本人が「仕事」と言うときには、「仕事=生きていくための手段=お金を得る手段=我慢するもの」というような考え方の構図が出来上がっているように思えて仕方がないからです。つまり、「仕事なんて生きていくためのお金を得る手段なんだから、我慢しなきゃいけないものなの!」というわけで、「自分の好きなことを仕事にしているなんて、ごくごく一部の運や才能のある人たちだけの話よ!」と考えてしまっているかのようです。

私は、「仕事」というものは、本来「大好きなこと」であるべきだと思っています。もっと本当のことを言えば、「仕事」だけでなく「自分のやることなすことすべてが大好きなこと」であるべきだとさえ考えていて、一日のうちできるだけ「大好きなことばかりをして生きましょう！」と叫びたいくらいです（笑）。

また、最初に挙げたよくある質問の中には、「仕事」と「趣味」という2つの言葉がありますよね？　そして「仕事」という言葉の中にはなんだか義務的なニュアンスがあり、「面白くない」「仕方がない」という感情が込められているような気がします。また、その一方で「趣味」という言葉の中には「自由で楽しい！」「面白い！」という感情が含まれているかのようです。もちろん一般的にはこういう使い方をするのでしょうが、私の中ではそもそも「仕事」と「趣味」などという区別はなく、ただ単にどちらも「私の大好きなこと」というカテゴリーの中に収まるべきものだと思っています。

つまり、自分でもときどき「面白いなぁ」とは思うのですが、私の毎日の生活の中では「ここからここが仕事の時間」とか、「今は趣味の時間」などという境目がほとんどないのです。俗に言う「仕事」が楽しくて仕方のないことなので、極端に言うと「すべてが遊び（趣味）のような時間」＝「大好きなことをやっている時間」ということになります。ただ、その「大好きなことをやっている時間」の中を「執筆の時間」「コーチングの時間」「講演の時間」「読書の時間」「旅行の時間」「ゴルフの時間」「ショッピングの時間」などと区別することはできるのですが……。

話が多少横道にそれてしまった気もしますが、要はなにが言いたいのかというと、まず多くの人が抱えている「自分が好きな仕事と、それがお金になるということは両立しない」という考え方を一刻も早く捨て、「大好きな仕事をやっても、十分に食べていける！」という新しい考え方をご自分の心の中に植えつけていただきたいのです。

あなたが「好きな仕事をやってもお金にならない」とか、「大好きな仕事をやるには必ずリスクを伴う」などと考えていれば、残念ながらそれは「引き寄せの法則」によって「そう」なってしまいますよね？　反対に、「大好きな仕事で十分にやっていける！」とか、「夢は必ず実現するものだ」とあなたが心底信じることができれば、「引き寄せの法則」によってこれまた「その通り」となります。

そして、この新しい考え方を身につけたうえで、あなたが「そりゃあ、本当は自分のやりたいことを仕事にしたいよね」と思うのであれば、まずは情報収集を始めたり、「理想の仕事に就けた自分」をビジュアライゼーションしたりして、少しずつでも自分の理想により近いほうへ、より近いほうへと準備を始めていきましょう！

一般的に言って「仕事をしている時間」というものは、通勤時間等も含めると、一日24時間のうちの半分近くを占めているものです。つまり、人生の約半分くらいを占めている非常に大きく重要なものですよね？　私だったら、そんな人生の大部分を占める大切な時間を「おお、嫌だ！」と嫌悪しながらとか、楽しくもなにもありゃしないと思いながら過ごしたくは決してありません（笑）。

「趣味に生きる」と割り切るのもひとつの選択だとは思いますが、私だったら「その趣味を仕事にするにはどうしたらいいか？」と考え、「自分の大好きなことをして生きる」ことこそを人生の最優先とし、積極的に選びとっていくと思います。私にとっては「人生は楽しい冒険」なのですから！

「ストイック」に生きる人々こそが幸せのお手本！

以前、知人と会話をしていたときのことです。話題が大リーガーのイチロー選手のことになりました。すると、知人がポツリとこんなことを口走ったのです。「私、イチローを見るとあまりにストイックな気がして、いつもすごく辛くなるのよ。ものすご〜い努力して、ものすご〜い我慢して、ひたすら頑張ってるんだろうなと思って」と。

私はその発言を聞いて、ギョッとしました。なぜなら私から見れば、イチロー選手の姿こそが「生きる喜びに満ち溢れ、自分の思い通りの幸せな人生を生きている人のお手本」だといつも感じていたからです。この瞬間に「残念ながら、彼女は今までの人生で一度も『ああ、生きてる〜っ！』って感じたことはないんだろうな。自分の情熱をすべて捧げてもいいほどの夢が存在するなんて、思いも寄らないのね。そして、悲しいけど、そんな夢を追いかけ、達成することの喜びを味わったことも当然ないのよね」と察知しました。

何度も繰り返しますが、ここでも同じイチロー選手を見ているのにもかかわらず、彼女の「ものの見方」と私の「ものの解釈の仕方」は180度違っていたのです。彼女はイチロー選手が練習で襲われるであろう苦悩やアクシデントなどにばかり焦点を当て、「なんて辛い生き方なんだ」と思っている一方で、私はといえばイチロー選手の「果てしもなく大きな夢に向かって突き進んでいく充実した生き方そのもの」を見て、「なんて幸せなんだろう！」と賞讃の思いで彼を見つめているわけです。

そもそも多くの日本人が「ストイック」という言葉そのものを、少々「ネガティブ」に捉えているような気がしてなりません。辞書で調べてみると、「ストイック」とは「禁欲的な態度」とか、「自らを厳格に律する姿勢」などとありますが、忘れてならないのは「その先にはいつも手に入れたい夢や目標がある」ということです。

そして、そもそも「自分の大好きなこと」をやっているのではなく、誰か他人に提示された夢や目標を達成しようとしている場合は、ただ単にそれは「我慢」でしかないと思いますが、イチロー選手のような「ストイックな生き方」というのは、そもそも自分の大好きなことをやりながら、その大好きなことの先にある「大きな夢」を目指しているものなので、それは「我慢」などではありません。極端に言うと、「自分が死んでも手に入れたいほどの夢」を自ら望んで追いかけているのであり、それほど「自分にとってこの上なく魅力的な夢」を自分自身に見つけてあげることができた、本当に幸せな人だと言えるのです。

オリンピック選手やプロスポーツ選手などにも同じようなことが言えると思います。彼ら、彼女らは「金メダル」「世界一」という果てしなく大きな夢に目が釘付けになっており、その称号を手に入れるためであったら、その夢を実現するためであったら、喜んで自ら厳しいトレーニングをし、好きな食べ物も控え、怪我にも屈せず、前へ前へと進み続けていくことでしょう。

私もオリンピックの選手やプロのスポーツ選手とはレベルがまるで違いますが、中学生のときのバスケットボールの練習中、辛いながらも「もっと上手くなれるんだったら、食べなくてもいい！　寝なくてもいい！　倒れてもいい！」と、いつも思っていました。ただひたすら「もっと上手くなりたい！」と、一心不乱に日々の練習に熱中していたのです。

つまり、イチロー選手に代表されるような「ストイックに生きる人々」というのは、人生を丸ごと懸けるほどの、なにがなんでも手に入れたいほどの、自分の情熱が果てしなく燃え上がるような「最高に面白い夢」「生きるに値するほどの目標」を見つけることができた人であり、その果てしない夢や目標に向かって「いいよ！　思いっきり進んでいいんだよ！」と自らをひたすら応援し続けている人なのだということです。

そして、そんな夢や目標を達成するためなら、他のことは「小っぽけな出来事」くらいにしか感じないことでしょう。また多少の苦悩に襲われたとしても、「またチャレンジするときが来たな」と解釈し、果敢に突き進んでいくことでしょう。それほどに自分の見つけた夢、自分の掲げた夢がなににも増して本当に本当に素晴らしく魅力的なのだということです。

あなたは「誰のための人生を生きているのか？」もう一度考えてみよう

このような人に出会うことがあります。お父さんが過去に事業に失敗し、お母さんから「とにかく安定した職業を選びなさい！　安定が一番よ」などと繰り返し繰り返し聞かされ、自分ではあまり望んでいなかった職業に就いたような人。また、「結婚相手は私たちが認める人でなければ絶対にダメよ！」とご両親から言われ、結局、自分としてはあまり好きではない、けれど「親がいいと言った人」と結婚したような人。

このような人たちの話を聞いていると、私は正直、悲しくなってしまい、「いったい誰のための人生を生きているんだろうか？」と思ってしまいます。そして、彼ら、彼女らは間違いなく「幸せ」や「生きてる〜っ！　という実感」を人生に感じてはおらず、「自分でもなにがしたいのか、なにが好きなのかよくわかりません」とおっしゃるのです。長い間「他人の望む人生」を「自分の望む人生」だと勘違いして生きているうちに、「自分の本当に望む人生」がわからなくなってしまうからです。

「自分の感じる幸せ」と、「親の感じる幸せ」はまったく違うものです。「他人が感じる幸せ」をいくら一生懸命に生きてみたところで、いつまで経っても「自分の心からの幸せ」を感じるわけがありません。残念ながら、多くの場合、親そのものが大人になっていないケースがほとんどなので、子どものためと言いつつ実際は子どもに依存し、さも自分の意見が正しいとばかりに押しつけてきます。本来、親としての最高の幸せは、「子どもの本当に幸せな姿」を見ることだと私は確信しているのですが。

「私は、今、いったい誰の人生を生きているのだろうか?」そうご自身に一度問いかけてみてください。そして、「どうやら親の言いなりの人生を知らず知らずのうちに生きてきてしまったな」とか、「世間や周りの目ばかり気にして、自分の生きたい人生を選んでこなかった気がする」といった正直な気持ちが出てきた場合には、「よし! これからは、私には私の望む人生を思いっきり生きさせてあげよう!」と、すぐに心に決めてみてください。**あなたを幸せにできるのは、この世でたったひとり「あなた」しかいないのです。**

なぜ、ここでこんなお話をしているのかというと、このような「誰か他の人の人生を今まで生きてきてしまった人」からは、「自分のやりたいこと」や「自分の行きたいところ」がなかなか出てこなくなってしまっているからです。小さい頃から植えつけられてしまった「あれもだめ！これもだめ！」「あなたはこういう選択をするべき」という固定観念によって心ががんじがらめになってしまっているために、「自分は好きなことをやってはいけない」「自由に生きてはいけないのだ」と思い込んでいます。だからこそ、昔の私のように「まるで生きてるんだか、死んでるんだかわからない」というような状態の中で、ず～っと漂い続けてしまうわけです。

実は、私こそが20代の前半まで、ひたすら「親の言いなりの人生」を歩み続けていました。「大学に行くな！」と言われればそれに従い、「東京から地元に戻ってこい」と要求されれば、本当は東京に残っていたかったのにこれまた言いなりになり、「ここに勤めなさい」と命令されては、またまた「はい」と素直に従っていたものです。

そんな親の望む生き方をしているうちに、自分にとって楽しくもなんともない人生を生きているうちに、私はいつの間にか「絶望感」に襲われてしまったわけです。そして、私は「自分の人生をまるで生きていなかった自分」に気づき、ようやく「これからの私の人生は私が決める！」と奮起し、自分の夢や希望を徹底的に考え、それに向かって突き進んでいく楽しい人生に変えていったのです。

あなたはあなたの人生を生きていいんです。あなた自身が感じる幸せを追求していいんですよ。いやむしろ、あなたはあなたの人生を本当に生きるべきなんです！ あなた自身が感じる本当の幸せを徹底的に追求するべきなんです！ 今までどこか苦しかったあなたを、もっと自由で伸び伸びとした世界に早く解放してあげてください。それができるのは、この世でたったひとり、「あなた」だけなのですから……。

WORK 7

「楽しい」「嬉しい」を見つけるワーク

先ほど、小さい頃の「大好き」を探してみましょうというお話をしましたが、「小さい頃のことを思い出してみても、なお自分のやりたいことが見つからない」という人もいるかもしれません。まだ、もしそんな「自分の本当にやりたいこと」が見つからなくても、「それを探す」ことこそが、私たちの人生での重要なお仕事だと思いますので、焦らずにじっくり考え続けることです。

でも、これから試していただく「現在のあなたが楽しいと感じること、嬉しいと感じること、ちょっとやってみたいなと思うこと」のリスト作成をし、そしてそれらを実際に体験していくうちに、これまた「あなたの大好き」が発見できるかもしれません。面白いもので、人は「ひとつのこと」を体験すると、そこからまた次々と興味が湧いてくるものです。

プロローグで私がパラオ共和国に行ってイルカと泳いだお話をしましたが、久しぶりに「海で泳ぐ」という体験をしたことにより、私はますます「自然の美しさ」に魅せられ、帰国後は『ネイチャー』という映画を観に行ったり、「ダイビングの免許取ろうかな」とか、「水泳を習いに行こうかな」という考えが浮かんだり、はたまた次の旅行先をいろいろ考えてみたり……。つまり、ひとつのことを「経験」することによって「弾み」がつき、また次から次へと「自分のやりたいこと」が出てくるものなのです。

また、とにかく今自分が「楽しい」「嬉しい」「やってみたいな」と思うちょっとしたことを次々と経験していくうちに、「やっぱり人生って楽しいものなんだな」「生きるって面白いよね」と「生きる喜び」も取り戻していくことでしょう。そして、当然のことながら、そんなことを体験しているときのあなたの中からは「嬉しい」「楽しい」という思いが出てきますから、そこに「引き寄せの法則」が働いて、あなたの人生にますます「嬉しい出来事」「楽しい出来事」が返ってくるという「好循環」を生み出します。つまり、**人生の中に「嬉しい」「楽しい」が多ければ多いほど、当然、幸せな人生に近づくというわけ**です。

さて、自分の中の「楽しい」「嬉しい」を探るときには、できるだけすべての制限を取り払ってください。例えば「これはお金がないからできないだろうな。だからリストに書けないわよね」とか、「これは私には才能ないから無理かも」などと考えずに、頭に浮かんだことはドンドン書き出してみましょう。大きいこと、小さいこと、いろいろあると思いますが、なんでも思いついたことはすべて文字にしてください。

そして、あなたの書いたリストの中から、すぐにできそうなことがあれば、片っ端からそれらをやってみましょう。例えば「映画を観に行く」「友人と食事に行く」などというようなことはすぐにできますよね？　このようにあなたの中の「楽しい」「嬉しい」と思うことを実際に次々とやっていくと、そのうちに「自分の本当にやりたいこと」もはっきり見えてくるかもしれません。

それでは、「あなたが楽しいと思うこと、嬉しいと思うこと、やってみたいなと思うこと」をドンドン書き出してみましょう！　「自分のゴールを自分で見つけては、走り出す！」人生はこれの繰り返しであり、それこそが人生の面白さだと私は思います。最初はたとえ「小さな一歩」でも構いません。これを繰り返していくうちに、少しずつ希望や目標を上げていけばいいだけの話です。

【楽しい、嬉しい、やってみたいと思うこと】

例 ○○の映画を観に行く

例 オーロラを見てみたい

例 韓国語を習いたい

column 5

自分をリセットするプチワーク

「好きになる理由」を見つけてみよう！

よく「雨の日は気分が憂鬱」とか、「冬が苦手」とか言う人がいます。実は、私も若い頃は「冬が苦手だ」と思っていたひとりでした。

ところが、スキーを始めてから、私は「冬が待ち遠しい」人に変わってしまったのです。

私たちは苦手なものを漠然と「嫌だ、嫌だ！」と思い込みがちですが、探してみればそんな中にも楽しいことや嬉しいことは絶対にあるはず……。

雨の日が憂鬱なら、素敵な傘やレインシューズを買って、雨の日を大いに楽しみましょう。冬が苦手なら、スキーやスノーボードやアイススケートに挑戦して、冬の季節を大いに歓迎しちゃいましょう。

「嫌だ、嫌だ！」と思いながら過ごす時間ほど苦痛なものはありませんからね。

Chapter

6

「限界を超える」ワーク

「まだ見ぬ自分」に出会うことこそが人生の醍醐味です！

20代の半ば頃、私はそれまでの二十数年間の自分の人生を振り返ってみて、「やって後悔すること」よりも「やらないで後悔すること」のほうが、いつまでもいつまでも「後悔」が心にこびりついてしまうものだという事実にハタと気がつきました。

なにかに「挑戦」してみて、仮にそれが「失敗」もしくは「自分の思っていたものとは違う」という結果に終わったとしても、「勇気を振り絞って挑戦した自分」のことは自覚しており、それに対する誇りや満足感は残るものです。でも、「挑戦」しなかった場合には、ことあるごとに「挑戦しなかった自分」を思い出しては「あのとき、勇気を持ってチャレンジしていれば、まったく違った人生を送っていたかもしれないのに……」などと悔やむばかりです。過去の同じときに戻って「今度は挑戦してみる」という選択など決してできないにもかかわらず。

「引き寄せの法則」もまったく知らず、まだ「思い通りの人生」からはほど遠いところにいた私だったのですが、「よし！　これからは自分に限界を設けることはやめよう！『やらないで後悔することと』を選択するような愚を犯すことだけは決してしまい！」と心に固く誓ったのでした。そして、それから現在に至るまでの私の人生は「挑戦」の連続となりました。

途中、周囲から「君にはそれは無理だ！」というような言葉を幾度となく浴びせかけられもしましたが、それでも「挑戦」を何度も何度も繰り返し、自分でも驚くような形で夢や希望を達成していくたびに、「こうやって、まだ見ぬ新しい自分に出会っていくことこそが人生の醍醐味なんだなあ！」と、実感していったのです。そして、「まだ見ぬ自分」との出会いが私の最高の喜びとなり、そしていつの間にか「挑戦していくこと」こそが「私の生き方そのもの」となって定着していきました。

「まだ見ぬ新しい自分に出会う」ということは、例えばこういうこと。私がまだ一冊の本も出していなかった頃の話なのですが、前職の市議会議員を辞めた後、「まず本を出版する！」と決めていた私は、早速、原稿を書き始めることにしました。数ヵ月で原稿が書き上がって、「さて、これをどうしようかな」と思っていたところ、以前に聞いていた「企画のたまご屋さん」という名前をふと思い出したのです。

インターネットですぐに調べてみたところ、なんと「企画のたまご屋さん」というところは、そこの審査を通りさえすれば、数多くの出版社に自分の企画書や原稿を一斉に送ってくれるという、私にとっては願ったり叶ったりの団体だったのです。「素晴らしい！　審査に通りさえすれば、自分の足で一軒一軒出版社に売り込みしなくってもいいってわけね」私は、早速そこの審査に必要なものの準備に取り掛かりました。

準備するものの中に「本の企画書」というものがあったのですが、そんなものを書いたことすらなかった私は、またまたインターネットで「本の企画書の書き方」を調べ、なんとかそれなりの形にはしてみました。そして、すべての準備が整ったところで「さて、送ってみようかな」と思ったのですが、生まれて初めて「本の企画書」と「本の原稿」を書いたものですから、ちょっとだけ不安が頭を過《よぎ》ってしまったのです。「送る前に誰かちょっと客観的に見てくれる人いないかな？　少なくとも『てにをは』くらいはチェックしてもらえたらなあ」と……。

すると、ネットの中で「あなたの企画書や原稿をプロの編集者がチェックします」という文字を見つけました。「なんだこれ？」と思ったのですが、どうやら現在数多く存在するらしい「編集プロダクション」というところがやっていたサービスの一環だったのです。身近でアドバイスしてくれる人もいなかったので、試しに自分の企画書と原稿の一部をそこに送り、チェックしてもらうことにしました。

するとすぐに、その編集プロダクションからこんな内容の返答が来ました。「文章はまあまあお上手だとは思いますが、あなたの成功体験ばっかり書いてあって、これでは誰も読まないでしょうね」と……。プロの編集者という肩書の方にこんな言葉を直接浴びせられたのですが、私はそんなことでは決して怯《ひる》みませんでした。「あらま、きっとこの人は『引き寄せの法則』をちっともわからない方なのね。自分の成功体験を書かなかったら、そもそも誰も私の本なんか信用しないでしょうに……」と思ったからです。

そして、アドバイスを無視して、その日のうちに「企画のたまご屋さん」に自分の企画書と原稿を送ったのでした。すると、無事に一発で審査を通り、講談社さんからすぐにお声をかけていただき、そしてついに私は「著者」となることができたわけです。もっともそれ以前に「自分の本が出版されたところ」をしっかりとビジュアライゼーションしていましたから、「絶対に出版できる！」と固く信じてはいたのですが……。

でも、もしここで、私が編集プロダクションのアドバイスをまともに受け取っていたら、「プロが言うんだから、やっぱり私なんて才能ないのかも」とか、「本を出すなんて、しょせん夢のまた夢だったのかな」と自分の能力の限界を感じ、企画書や原稿を送ることさえやめてしまっていたかもしれません。そんなことをしていたら、私は「著者としての自分」、つまり、その頃の私からすれば「まだ見ぬ新しい自分」に出会うことは決してなかったことでしょう。

　こうして自分を信じ、「自分に決して限界を設けずに挑戦した」からこそ、私は「著者」という、「今まで知らなかったまったく新しい自分」に出会う喜びと感動を味わうことができたのだということです。

「限界」に挑もうとするときに出てくる恐怖心

このように「新しいことにチャレンジする喜び」を何度も何度も味わい、「自分に限界を設けずに挑戦し続けること」が習慣化して、すっかり自分の生き方そのものにまでなってしまった私なのですが、みなさんが同じようになにか新しいことにチャレンジしようとすると、必ずといってていいほど直面してしまう悩ましいものがあります。それは自分の中から勝手に湧き上がってきてしまう「恐怖心」です。

「失敗に対する恐怖」や「自分が傷ついてしまう恐怖」があまりに強すぎるため、多くの人が新しいことを避け続けては「現状維持」ばかりを考えてしまい、そしてそれが「当たり前の生き方」となって習慣化してしまっているのです。それ故、「昨日は今日の繰り返し」ばかりとなり、「人生なんて、所詮こんなものよね」と平凡で退屈な人生に自ら甘んじてしまうことになるわけです。

ところで、そもそも私たち人間は、先天的には「2つの恐怖心」しか持ち合わせていないと言われているのをご存じでしょうか？　その2つとは、「落ちることに対する恐怖心」と「大きな音に対する恐怖心」です。

「落ちることに対する恐怖心」は、その昔、私は遊園地で思いっきり味わった記憶があります。名前は忘れてしまいましたが、椅子のようなものに座って垂直に100メートルくらい上ったところから一気に下に落ちるアトラクション。あのときは本当に「死ぬかと思った！」ほどの強烈な「恐怖」を味わいました。このアトラクションを体験し終わった直後に、「これに乗ろう」と誘ってきた知り合いの青年に「あんた、私を殺す気か！」と怒って叫んだほどでした（笑）。

大きな音に関する体験は、私の記憶に残っているものは特にないのですが、突然の「パーン」という音とかには反射的にドキッとしてしまうところを見ると、「大きな音に対する恐怖心」というものを人が本来持ち合わせているということにも納得できるような気がします。

さて、ここでなにが言いたかったのかと言うと、「落ちることに対する恐怖心」と「大きな音に対する恐怖心」以外の「恐怖心」は、結局すべて私たちが作り上げた後天的なものなのだということです。

大げさにわかりやすく言えば、「失敗したらどうしよう」「みんなに笑われでもしたら……」

「プライドがズタズタになったら、この先、生きていけないのでは？」などという恐怖心は、生きていく中で私たちが勝手にでっち上げてしまったものだということ。そして、この強烈な「恐怖心」のために、なんでもかんでもすぐに自分に限界を設けてしまい、二言目には「私には無理！」「できない、できない！」などと言う羽目になってしまっているのです。

どうして私たちがこのようになってしまったのかと言えば、これもすでに説明したように、育ってくる環境の中で知らず知らずのうちに身につけてしまったものです。大人たちは子どもたちを大切に思うあまりに、またときには言うことを聞かせるために、よくこのような手を使います。「早く寝ないとお化けが出るわよ」とか、「ちゃんと鍵をかけとかないと、泥棒に入られちゃうのよ」とか、「失敗したら、いい笑いものになるわよ」などなど……。

こんな言葉を小さい頃から何度も何度も繰り返し聞かされているうちに、子どもたちの心は、だんだん「恐怖心」でがんじがらめになってしまうのです。そして、すでにお話しした通り、気がついたときには、私たちは新しいことにチャレンジする喜びを味わうどころか、「新しいことをなんとか避けよう、避けよう」とする習慣がすっかり身についてしまっているわけです。

やってもいないのに「できない!」などと口にするのはやめよう!

コーチングの最中に、とても興味深い場面に遭遇します。

「もっと豊かになりたい」という人に「それでは今日から1ヵ月間家計簿をつけてみませんか?」などと私が提案すると、「えっ? そんなことするんですか? 私には絶対無理です!」と即答されることがとても多いのです(笑)。家計簿を毎日つけている人からすれば、「それのどこが難しいの?」と思えるようなごくごく簡単なことだと思うのですが……。

そして、「無理だ」とおっしゃる人に「今まで家計簿をつけたことはありますか?」と確認すると、「小学生のときにお小遣い帳をつけたことぐらいはありますが……」という答えが大半です。つまり、今までの人生の中で「ちゃんと家計簿をつけた経験がない」のに、自分で「無理だ!」とすぐに決めつけてしまっているわけです。それでも無理矢理試していただくと、これまた1ヵ月後には、みなさん決まってこうおっしゃるのです。「実際やってみたら、とっても簡単なことでした！」と……。

また、同じく「もっと豊かになりたい」という人に「これから一流のブランドショップに度々行って、豊かな感性を身につけてきてください。別になにも買わなくてもいいですから……」とアドバイスすると、これまた激しい抵抗を受けてしまうのです。「えっ？ ブランドショップなんてとても入りにくいです。そんなことしなきゃいけませんか？」と。これもブランドショップ大好きな方から見れば、「なんでそんなに行きにくいわけ？」というような話だと思うのですが。そして、またまたそれでも「行ってきてください」とお願いすると、やはり1ヵ月後には多くの人がこうおっしゃるのです。「楽しかったです！ ずいぶん遊んでこられるようになりました。やっぱり美しいものを見るのって気分がいいですよね！」と（笑）。

つまり、ごくごく簡単なことでさえも、人生で一度も経験したことのないことは、自分の頭の中で「できない！」「無理、無理！」などと勝手に決めつけ、まだ一歩も踏み出さないうちから避けたり、諦めたりしてしまっているのだということです。また、かつてちょっと失敗してしまった、まだ自分がそれに慣れていない、という理由だけで、「やっぱりできない！」などと思い込み、足踏みをしてしまいます。あるいは、他人からの「あなたには無理だ」という言葉のせいで、自分ですっかり「そうよね、私にはどうせ無理」などと信じ込んでしまい、これまた前に進むことを諦めるのです。

もちろん、みなさんのそんな気持ちは、私にも痛いほどわかります。20代前半に従姉妹とハワイに行くために初めて飛行機に乗ったとき、「ああ、私はひとりで飛行機になんて絶対に乗れないだろうな」と、今から思えば「私にもそんな可愛らしい女の子の時代もあったのね？」と笑っちゃうようなことを真剣に信じ込んでいたものです。たぶん「英語が喋れないから」という理由でそう思い込んでいたのだと思いますが、当時の私はまだいろいろなことに対する恐怖心が残っていたのでしょう。

ところが、数年経って英語も多少喋れるようになり、また海外旅行にも友人たちと何度か出掛け、おまけにアメリカ人と結婚して日本とアメリカを往復するようになってからは、「ひとりで飛行機になんて絶対に乗れない」などと、かつて自分が考えていたことすらすっかり忘れてしまっていたほどです（笑）。今では、世界中のどこにだってひとりで飛行機に乗って行けます。

何度も何度も自分の限界に挑戦してわかったことですが、人は「新しいこと」や「慣れていないこと」に対して、自分で勝手に妄想を膨らませて「ものすご～く難しいこと」のように思い込んでいるのです。つまり、自分で「高い壁」を創り上げては、「こんな高い壁を越えられるわけがない」と思い込んでいるのだということ。実際に勇気を振り絞って「エイヤッ！」と「それ」

をやってみると、「ありゃ？　全然なんてことはなかった！」とか、「な〜んだ！　思ったよりはるかに壁は低かったじゃない！」という経験を、私は山のようにしています。

そして、こんな経験を自ら繰り返すからこそ、「また自分の頭で勝手に、とても難しいことのように考えているだけよね」「やってみたら意外と簡単なのよ！」と体験的に思えるようになり、次から次へと新しいことに挑戦できるようになっていくわけです。そして、そんな生き方のほうが「絶対面白い！」と感じられるようになっていき、気がつけば「恐怖心」に邪魔をされることなく、自分の思うままの人生を着々と歩み始めているわけです。

WORK

8

「できない」と思っていて「できた」こと

「私はひとりで飛行機になんて絶対に乗れない」という私の変な思い込みのように、みなさんもかつては「できない」と思っていたことを「やってみたらできた」という経験が、人生の中で必ずいくつかあると思います。ちょっとここでそんな過去の体験をいくつか思い出してみてください。そして、今一度、「自分がいかに思い込みに縛られて、自分に限界を作ってしまっているのか」ということをしっかりと確かめてみましょう。

そして、これからここでやるような「考え方」を、なにか新しいチャレンジに向かうとき、特に「恐怖心」が湧いてきて「できない」と思ってしまうようなときに応用してみてください。「ああ、やっぱり自分の頭が勝手に、必要以上に難しいことのように仕立て上げていたんだな」ということがハッキリわかると思います。

【自分で勝手に作り上げている「限界」を見破るワーク】

以前、自分で「できない」と思い込んでいたこと
←
どうしてそう思い込んでいたのか?
←
実際やってみたらどうだったか?

例

私はひとりで飛行機になんて絶対に乗れない ↓ なにかわからないことでもあったときに、言葉(英語)が通じないとどうしようもないと思っていた ↓ 英語が話せるようになったら、飛行機にひとりで乗ることなんて怖くもなんともなくなってしまった。今ではひとりで飛行機に乗ったのがいつだったかさえ覚えていないほど……

例

大勢の人の前で話をするなんて私には絶対に無理　↓　緊張したり、失敗してみんなに笑われたらどうしようと思っていた　↓　やっぱり緊張はしたが、みんな熱心に聞いてくれていて嬉しかった。やってみたら意外と楽しかった。今では『私ってもしかしたら人前で話をするのが好きなのかも』とさえ思ってしまう

例

講演会やコンサートなど、ひとりでは絶対に行けない　↓　多くの人が友人同士などで来ているだろうから、ひとりじゃ変な目で見られるかもしれないし、楽しめないかもと思っていた　↓　行ってみたら、結構ひとりで来ている人も多かったし、始まってみればすぐに没頭して楽しめたし、誰かに変な目で見られることもまったくなかった。今では自分の行きたい講演会やコンサートなど、ひとりでどこにでも行けるようになって満足

あなたの例

あなたの例

そもそも「失敗」などというものは存在しないと知る

世の中で「成功者」と呼ばれる人々や「人生を思うままに生きている人々」の中で、生まれてこのかた一度も「困難」や「挫折」を経験したことのない人などいるでしょうか？　テレビのドキュメンタリー番組などでも成功者の人生を度々取り上げていますが、それらを見ても、すべての人がなにかしらの「困難」や「挫折」に直面しています。

ただ、「成功者」と呼ばれる人々や「人生を思うままに生きている人々」が普通の人と違うところは、**「困難」や「挫折」を「失敗」と決めつけずに「単なるプロセスの一部」とか、「成功に至る途上でのひとつの出来事」と捉え、**その歩みを決してとめないでいるところです。多くの人はここで「失敗」だと決めつけてしまい、成功にたどり着く前に諦めてしまうのですが……。つまり、今まですでにお話ししてきたように、やはりここでも「ものの見方」や「解釈の仕方」がまったく違うのだということがおわかりになると思います。

すでにご理解いただいている人もいらっしゃると思いますが、なにか新しいことに挑戦したときに「困難」や「挫折」という結果になるということは、やはりあなたが「思考の出し方をちょっと間違っちゃっただけ」なのです。例えば、「どうせ上手くいくわけないよなぁ」と不安な気持ちをバンバン出してしまっていたとか、「やっぱり私にはできないかも」などと心配しながら挑んでしまっていたとか……。ここに「引き寄せの法則」が働くわけですから、あなたの思った通りの残念な結果になってしまうわけです。

つまり、なにかに挑んで「困難」や「挫折」に遭遇したとしても、やっぱりそれは「あなたの思考や感情」が原因であり、現実はいつも本当に単なる「結果」に過ぎないということです。それをあなたが「失敗」と決めつけさえしなければ、この世にはいつもただただ「結果」があるだけ。「原因」さえ変えれば「結果」はいつだってまたいくらでも変わるものなのです。

有名な話ですが、偉大なる発明家だったトーマス・エジソン氏は、電球を完成させるまでに1万回の失敗をしていますよね。「そんなに失敗するのはどんな気分か？」と尋ねられたエジソン氏は、こう答えているのです。「失敗はしていない。電球を作ることのできない方法を1万通り発見しただけだ」と。

どうやらエジソン氏の辞書の中には、「失敗」という言葉は存在しなかったのでしょう。また、自分を「落伍者」だなどと決めつけることもなかったことでしょう。だからこそ、何度も何度も「困難」に直面してもなお、「成功」のほうにしっかり目を向けていられたのだと思います。

私たちもこの際、自分の人生の中からそもそも「失敗」などという言葉を抹消し、「単なるプロセスの一部」「成功に至る途上でのひとつの出来事」という捉え方をしてみませんか？　また「困難」や「自分の望んだ結果が得られない」という場面に直面したときも、自分を「失敗者」などとは絶対に決めつけず、非難したり責め立てることもなく、再び「可能性」のほうに目を向けるようにしましょう。

なにか新しいことにチャレンジして、うまくいかなかったところで、「命まで取られる事態になる」などということは、現代の日本においては皆無に等しいことだと思います。よくよく考えてみれば、本当は失うものなどほとんどなく、自分で勝手に「困難」や「挫折」を「まるでこの世の終わり」とでも言わんばかりの「大ごと」に仕立て上げてしまっているだけなのです。

いくつになっても限界は超えられる！

先月、しばらくお会いしていなかったある上場企業の元会長さんと、久しぶりにゆっくりお話しできる機会がありました。元会長さんの年齢は71歳。今もさわやかな青年のような雰囲気を漂わせていらっしゃる素敵な方なのですが、「健康」という話題になったとき、驚くような話をいくつか私に聞かせてくださったのです。

「そうそう、お陰様でね、ドライバーの飛距離がまだ伸び続けているよ！」元会長さんのご趣味のひとつはゴルフで、現在も週に1度か2度はラウンドされているそうなのですが、いつだったか、私はこんな質問を受けていたのです。「ビジュアライゼーションでドライバーの飛距離を伸ばすこともできるだろうか？」と。

そのときに私は「絶対できますよ！」と即答していたのでした。どうやらその後、元会長さんは「自分のドライバーの飛距離がドンドン伸びているところ」をちゃんとビジュアライゼーションしていたらしく、70歳を越えているというのに、いまだに記録が伸び続けている、という報告だったわけです。

私もゴルフをするのでよくわかるのですが、現実的に考えると、この飛距離を伸ばすことはなかなか難しいことです。人に言っておきながら、私はまだ一度も「ゴルフでドライバーの飛距離が伸びているところ」をビジュアライゼーションしたことがなかったので、「次は私もやってみよう！」と焦ったのでした（笑）。

そして、もうひとつビックリするようなお話もしてくださいました。この方、床に座って開脚し、上半身をペタンと床につけられるのだそうです。このとき、私たちは喫茶店にいましたので、その場で実際にそれを見せていただくことはできなかったのですが、人に見せる機会があるとみんながビックリするのだそうです。

「すごいですね～！　昔からそんなに身体が柔らかかったのですか？」と私が尋ねると、「ううん、全然！　数年前になにかのきっかけで床に座って足を開いて身体を前に倒してみたら、指先しか床につかなかったんだよ。でも、そのときに『そうだ！　これから毎日1ミリずつ前に倒せるイメージをしてみよう』と思って、毎日それを続けてみたんだ。そうしたら、いつの間にか上半身がペタンと床にくっつくまでになっちゃってね～、ははは……」と、まるで少年のように笑っていらっしゃいました。

そもそもこの元会長さんは、私が「ビジュアライゼーション」のやり方をお伝えするや否や、「ゴルフのコンペでね、早速欲しかったキャディバッグを引き寄せちゃったよ！」などとご報告してくださるような、とっても引き寄せ上手な方ではあったのですが、年齢のことを考えても「やっぱり成功者と呼ばれるような方は、なにごとにも自分に限界をまったく設けないものなんだなぁ」と、感じさせられるお話でした。

そして、実験好きな私は、家に帰って早速さっき聞いた話と同じことをやってみたのです。床に座って足を開き、上半身を前に曲げてみました。すると、なんと、両手の指先ぐらい、どう頑張っても手の平までしか床につかないではありませんか！（笑）それ以上曲げようとすると「痛《い》タタタッ」って感じです。実際に自分で試してみて、「すごいなぁ！これでペタンと床につくのかぁ！しかも71歳よ！」とあらためて驚いた次第です。

WORK 9

とにかく「エイヤッ！」となにかに挑戦してみよう！

読者のみなさんのほとんどが、70歳にはまだまだ何十年もある年齢ではないかとお察しします。70歳を越えてからでもまだ「自分の限界」に挑戦していらっしゃる方がいるのですから、それよりはるかに若い私たちが「自分の限界」に挑めないわけがありません。「限界を超える機会」「まだ見ぬ新しい自分に出会う機会」は、まだ山のように残っているってわけです。

最初はほんの小さなことでもいいですから、「今までちょっと怖くてできなかったようなこと」「なぜかハードルが高いと思っていたようなこと」「ちょっと難しいかもと感じていたようなこと」を考え、その中からひとつでもいいですから自分の新しい目標として選び、思いきって「エイヤッ！」とそれに挑戦してみましょう。

実際に自分で挑戦してみると、「なんだ！　怖い、怖いと思ってたけど、実際は大したことなかったな」とか、「勇気を出してやってみたら、すっごく楽しかった！」と感じることと思います。そして、それが次なるチャレンジへの「弾み」にもなるのです。そして、こういう経験を何度か繰り返していくうちに、「挑戦すること」がだんだん楽しみになっていき、いつの間にか「自分の限界を超える」ことが、人生の喜びになっていくはずです。

それでは、早速、まずなにか小さな「目標」を考えてみましょう。以下に例をいくつか挙げておきますので、ご自身でじっくり考えて、どんどん自分なりのリストを作り上げていってください。そして、頭で「ああだ、こうだ」とグチャグチャ考えずに、実際に「それ」をやってみましょう！　ひとつができたら、またその次の目標にもどんどんチャレンジしてみてくださいね。

そうそう、なにかに「挑戦」する前には、とりあえず「それが上手くいって大喜びしている自分」をビジュアライゼーションしておくことだけは、どうぞお忘れなく。

【私が挑戦してみたいこと】

例 思いきって会議で言いたいことを発言してみる

例 「本当は行きたくないな」というお誘いを「NO」と断ってみる

例 英会話の「お試しレッスン」に参加してみる

例 ハーフマラソンに挑戦する

例 月に1冊は本を読む

モチベーションを保つこと

前項で、例として挙げたことの中でも、例えば「自分ひとりで映画を観に行ってみる」とか、「思いきって会議で言いたいことを発言してみる」などというようなことは、そのときだけの単発的なものなので、勇気を振り絞って一気にやってしまえばいいのですが、「ハーフマラソンに挑戦する」とか、「月に1冊は本を読む」という少し長期間にわたる目標を立てた場合は、途中で自分の「モチベーション」が下がってしまうこともあるかと思います。このように「自分の限界を超える」チャレンジを行う場合、この「モチベーションを保つ」ことも大切になってきます。

どうもこの「モチベーションを保つ」ことがそもそも苦手、という人が多いようです。ちょっとでも自分の思い通りにいかないことがあると、「やっぱり私はダメだ！」とか、「そもそも無理だったのかも」などと考えてしまい、途中で投げ出そうとしてしまうのです。でも、逆にこのような経験ばかりしていると、自分自身に「負け癖」がついてしまい、なにをやっても中途半端、なにをやっても途中で諦めてしまうということになりかねません。

こんなことを防ぐためにも、最初のうちはなにか「ご褒美」を用意しておくといいでしょう。たとえば、「5キロのジョギングに挑戦する」とした場合、毎日少しずつ走り始め、1キロ、2キロと走る距離を長くしていきます。そして、「5キロ走れるようになったら、前から欲しかったハンドバッグをご褒美に買う！」などと、自分で決めておくのです。私だったら、ちょっと苦しくなってきても、ハンドバッグのことを考えると俄然「やる気」が湧いてきて再び走り始めることと思います。

また、日頃から「自分を非難する言葉」ではなく、「自分を励ます言葉」をたくさん考え、自分に声をかける練習をしておくことです。「できないかも」などと自分が不安になってきたとき、なんだか意気消沈してしまっているときなど、「大丈夫よ！　絶対に成し遂げられる！」とか、「ちゃんと上手くやれているから安心して！」とか、「あのハンドバッグ、素敵よね！　欲しいよね〜！」などと、自分を「あの手この手」で励ましてあげるのです。私など、いつもこんな「自分を励ます言葉」ばかりを心の中で聞いているので、いつでも「よっしゃ〜！　やるぞ〜！」となってしまうわけです（笑）。

また「モチベーションを保つ」ために私がおすすめするもうひとつのこと。それは「偉人伝や成功者の体験談を徹底的に読みましょう」ということです。先ほどもエジソン氏の話に触れましたが、私も長年の間、それはそれは多くの人の人生に関する本を読んできました。そして、そんな本を読むたびに「みんな自分自身と闘ってきたんだな」と思い知らされ、勇気を振り絞って困難に果敢に立ち向かっていった人々に励まされ、自分を奮い立たせることができたのです。

彼ら、彼女らの「生きる姿勢」そのものが最高に格好良く、「私もこういう人になりたい！」「私もこんな生き方がしたい！」と読むたびに熱望したものです。そして小っぽけなことでグズグズしている自分を省みては、「こんなことに負けてなんかいられない！」と、いつもたくさんの勇気と希望をいただいたものです。

あなたひとりが「自分の限界」に挑んでいるわけではありません。これまでにも多くの人々が自分のさまざまな限界に挑戦し、そして「まだ見ぬ新しい自分」に出会うという喜びを数限りなく味わってきました。あなたにも人生の中でこの素晴らしい喜びを、できる限りたくさん味わっていただきたいと思います。

あなた自身の限界を決めるのは、この世でたったひとり「あなた」しかいません。誰がなんと言おうと、あなた自身が「できる！」と思ったことは、必ず成し遂げることができるでしょう。

自分の限界を突破し、どこまで行けるのか、どんなことができるのか、すべては「あなた次第」なのです。

念願の中国企業に就職することができました！

最後に、読者の方からいただいた素晴らしい体験談をご紹介しましょう。自分自身を信じ、自分に決して「限界」を作らず、前へ前へとひたすら進んでいけば、必ず「まだ見ぬ新しい自分」に出会うことができるというお手本のようなお話です。

水谷先生、今回はどうしても先生にご報告したいことがあり、こうしてお手紙をしたためました。それは希望の就職先についてです。

私は1年半前から中国華東のホテルで働きたいと思っていました。大手の人材登録業者や仲介業者に登録するも、「新卒は2年以上の職歴がないので難しいでしょう」の一点張りで、新しい業者を見つけては登録、知り合いに紹介を頼む、ネットの求人広告を手当たり次第調べるという地道な作業を続ける日々でした。

そんな中、昨年12月に先生の著書『やればやるほど実現する！「引き寄せ」に成功する人がやっている小さな習慣』（講談社）と出会いました。それから素晴らしい出来事の引き寄せを自ら続々と体験し、「人生って本当に変えられるんだ！」と心底感動しました。

一応、親への体裁を取り繕うために受けていた国内の企業から、2月末という本当に大学卒業間際に不採用通知が届きました。でも、ここからさらに「これは念願の中国でご縁があるかもしれない！」とワクワク度合いが増して、連日求人広告チェックを欠かしませんでした。

すると、「そろそろ中国に行きたいし、さすがにこれ以上求人を探すだけで、親の世話になっていたら申し訳ないな」と思っていた4月の下旬に事態は動きました。「新卒でも可」と書かれた上海のホテルの求人広告が出たのです。もう一か八か「この面接に通らなかったらハローワークで仕事を探すから！」と親に宣言し、一縷《いちる》の望みをかけて面接のためにひとり上海に向かいました。

道に迷うこともなく、順調に優しいタクシーもつかまえ、無事そのホテルに到着しました。面接も非常に和やかな感じで進み、「あれ？　こんなに楽しくて良いのかな？」と思ってしまったくらいです。時間もあっという間に過ぎ、その後、中国の別のところで1週間ほど滞在してから帰国しました。

家に帰ってきて、メールをチェックしてみてビックリ！　なんと、そのホテルから「正式採用することを決定しました」との報告が来ていたのです。そして、思いがけなく嬉しい誤算だったのが、中国国営企業の運営するホテルだったためか、有給休暇が1ヵ月もついていて、しかも給料も日本企業で新卒が普通いただける額よりもずい分多かったんです。

すべては「そのホテルのフロントで自分が働いている姿」をビジュアライゼーションし、喜びを鮮明に感じ取っていたことが功を奏したんじゃないかと思います。「もし、先生の著書に出会えていなかったら？」と思うと、本当にゾッとします。私の人生の変化は、あの本を読んでから一気に加速したのですから。

水谷先生の本は、私にとってバイブルのような存在です。忘れそうになったとき、何度も引き寄せの力を思い出させてくれる力強い存在でした。国境を越えても、先生の本はいつも傍に置いておきます。これを書いてくださった先生には感謝してもし切れません。本当にありがとうございます！　心からの感謝を込めて……。　YN様より

本来、人は変化、成長していく生きものだと私は思います。そして、自分自身が「成長している」と思えるからこそ、そこに「生きている実感」を感じ、本当に幸せだと思えるものなので

す。逆に言うと、「成長している」と思えなければ、私たちは人生に退屈してしまう生きものなのです。**「私には無理、私にはできないなどと思うのは、単に自分の思い込みに過ぎないんじゃないだろうか？」**と、**いつも自分自身に問いかけるようにし、**決して自分で自分を「限界だらけの世界」にいつまでも閉じ込めておかないようにしてくださいね！

column 6

自分をリセットするプチワーク

毎晩「い～い気分！」で眠りに就きましょう！

眠る前に今日の出来事を思い出しては後悔してみたり、明日のことを考えては「もし、失敗したらどうしよう？」などと不安に感じたり心配ばかりしてしまう人も多いようですが、そんなことをしていては、ますますネガティブな出来事を引き寄せてしまうことになりかねませんよね？

明日の幸せな人生のためにも、眠るときには大切なあなたを「い～い気分」にさせてあげましょう！　例えば、穏やかで幸せな気分になれる音楽を聴きながら寝る、お気に入りの本を毎晩少しでも読んでから寝る、自分の好きな香りを部屋中いっぱいにして寝るなどなど……あなたなりの「い～い気分」を探してみてください。

夜、眠りに就くときの気分と、翌朝起きたときの気分は同じだと言われています。つまり、「い～い気分」で眠りに就けば、「い～い気分」で目覚めるということです。一日の始まりが「い～い気分」に越したことはありませんよね？

エピローグ：「自分の思い通りの人生を生きる！」と今、決断しよう

人生で最も大切なことは「決断」すること！

現在までにセミナーやコーチングを通して、実に多くの人生に関わらせていただきましたが、その中でも「本当にあっという間に人生が激変する方」と「そうでない方」がいらっしゃいます。もちろん、それまでのその方の人生で、そもそも「ネガティブな考え方」に囚われていないような場合は変化を起こしやすく、反対に「ネガティブな考え方」がたくさんこびりついているような場合は時間がかかってしまうといった一般的な違いはあります。

が、それ以上にこのような差が出る決定的な要因は、その人が本気で「決断しているか、決断していないか」です。実際、多くの人がこの「決断」という言葉の真の意味をよく理解していらっしゃらないように思います。また、過去に「本気で決断する」という体験もしていらっしゃら

ないのでしょう。

「人生を本当に変えたいのですか？　本気で決断していらっしゃいますか？」と、私が問えば、ほとんどの人が「もちろんです！　本当にこんな人生を変えたいんです。決断しています」とおっしゃることでしょう。でも、このような人に、「では、こういう新しい言葉をこれから毎日繰り返してください」とお願いすると、「最初はやってはみたのですが、しばらくすると仕事が忙しくてついつい忘れてしまって……」などという結果になります。

一方、「あっという間に人生が激変する方」の場合はどうかと言うと、同じように「では、こういう新しい言葉をこれから毎日繰り返してください」とお願いすると、もう一心不乱にそれに取り組むのです。「あれから数週間、無我夢中で言葉を繰り返しました」というように……。そして、1ヵ月後にお会いしたときには、本人が仰天してしまうほどの「激変」の数々がすでに起こっているのです。

つまり「決断している人」というのは、「絶対、自分の人生を変える！　変えてみせる！」という確固たる意志がすでに固まっていて、槍が降ってこようが、鉄砲で撃たれようが、言い訳など一切せずにただひたすらに目標に向かって突き進むのです。反対に「決断できていない人」というのは、走り出したとたんに「こんなことで本当に人生を変えられるのかしら？」と迷ってみたり、再び自分の中のネガティブな思考に囚《とら》われては「やっぱり私には無理！」などとすぐに言い出す始末……。

本当に「決断」したときには、必ず目の前に道が開けるもの

「本当に決断する」ということと、「自分の頭の中で決断しているつもりになっている」状態の違い、少しはおわかりいただけましたか？　「本当に決断したとき」には、その後、心のブレが生じなくなるのです。「腹が据わる」という言葉がありますが、感覚的にはそんな感じです。そして、心の中からネガティブな思いがほとんど出てこなくなるので、あなたの望みの邪魔をする思いが出てこなくなり、そこに「引き寄せの法則」が働いて、あなたの望みが「すんなり」叶うようになっていくわけです。

私は人生の中で何度も「本気で決断した」ことがあるのですが、その度に必ず同じようなことが起こります。それは、まるで「こちらへどうぞ！　どうぞ～！」と手招きされているかのように、目の前に次から次へと不思議な出来事が起こり、気がつけば「あら？　いつの間にかまた夢

が叶っちゃってた！」という感じです。「決断」すると、まるで自分の目の前に、ある日突然一本の道が現れるというような感じ……。これこそが、あなたの「迷い」や「疑い」がなくなったときの、つまり「決断」したときの「引き寄せの法則」の成せる業なのです。

「人生を変えたいけど、きっと無理よね？」とか、「今までだって、変えたくても変えられなかったし……」などというような中途半端な気持ちではなく、「私は人生を自分の思い通りに変える！」「私は自分の思い通りの人生を生きる！」と今すぐ本気で決断してください。あなたが心の底からそう思ったとき、そのときから人生は必ず動き始めます。

そして、あなた自身に最高の人生をデザインしてあげましょう！

そして、「自分の思い通りの人生を生きる」ために、もうひとつ肝心なこと。それはすでにお話しした通り、「ゴールを決める」ということです。いくら「人生を変える！」と決断したところで、「自分はなにをしたいのか」「私はどこに行きたいのか」がさっぱりわかっていなければ、相変わらず人生を漂うばかりだからです。

たとえ自分の人生を懸けるほどの「大きな夢や希望」が今は見つかっていなくても、日々、自分の中の「嬉しい」「楽しい」を探りながら、小さなゴールを決めては、少しずつでもチャレンジし続けてみることです。こんなことを実際に体験しながら人生を進んでいくと、人は本来「成長し続ける生きもの」ですから、ますます人生が楽しくなり、リスクに対する恐怖心も徐々に薄れていき、より大きな夢や目標へと、自然に向かいたくなっていくことでしょう。

そうやって、次から次へとあなた自身に「楽しい出来事」を計画してあげてください。そして、それを積み重ねていきながら、最終的にはあなた自身が心底ワクワクゾクゾクするほど、魅力的で素晴らしい人生をデザインしてあげましょう。

実は、今までの人生でもすでにそうだったのですが、「あなたがどのような人になるのか？」「あなたがこの先どのような人生を送るのか？」――それらを、すべて決めているのは「あなた自身」です。あなたを「この上なく魅力的な人」に創り上げるのも「あなた」ですし、「小っぽけで面白くない存在」に仕立て上げるのも「あなた」だということ。また、あなたの人生を「次々と夢が叶い、自分の思った通りの人生」にしてあげるのも「あなた」ですし、「退屈でつまらない人生」に終わらせるのも「あなた」なのです。

つまり、あなたも、あなたの人生も、「すべてはあなた次第」なのだということです。これからは単に人生に流されるのではなく、また「人生なんてそんな簡単に変わるわけがない」などと簡単に諦めてしまうのでもなく、「自分の望むような人生」を意識的に選び取り、あなたにとっての「最高の人生」を自らの手で創り上げていきましょう！　あなたには、その力があるのですから！

水谷友紀子 みずたに・ゆきこ

1963年、神奈川県に生まれる。ミズーリ大学ジャーナリズム学部雑誌学科を卒業する。帰国後、国会議員公設秘書、市議会議員（2期）などを経て、著述業に。26歳のときに「引き寄せの法則」に出会い、人生上大きな3つの奇跡を体験し、「夢は叶う」「思考は現実になる」と実感。以来、20年にわたり意識と心について研究、実験を重ね、数え切れないほどのものや状況を引き寄せることに成功、「人生を思い通りにする方法」を確立した。「自分の可能性を最大限発揮しよう！」をコンセプトに、2010年から、自己啓発コーチ〝ハートのコーチ〟として活動を開始。著書に『誰でも「引き寄せ」に成功するシンプルな法則』『私も運命が変わった！　超具体的「引き寄せ」実現のコツ』『やればやるほど実現する！　「引き寄せ」に成功する人がやっている小さな習慣』『人生が好転する！　「引き寄せ」のしくみ』（以上、講談社）などがある。

◈著者ホームページ　http://www.yukiko-mizutani.jp/

自分《じぶん》をリセットして、願《ねが》いを叶《かな》える！ 「引《ひ》き寄《よ》せ」練習帖《れんしゅうちょう》 奇跡《きせき》を実感《じっかん》する！

2014年10月15日　第1刷発行

著者　水谷《みずたに》友《ゆ》紀《き》子《こ》

ブックデザイン　内山尚孝（next door design）
本文イラスト　二階堂ひとみ

発行者 鈴木 哲

発行所 株式会社講談社
〒112-8001 東京都文京区音羽2丁目12-21
電話 編集部 03-5395-3529
販売部 03-5395-3625
業務部 03-5395-3615

印刷所 豊国印刷株式会社

製本所 株式会社国宝社

本文データ制作 講談社デジタル製作部

落丁本・乱丁本は購入書店名を明記のうえ、小社業務部あてにお送りください。
送料小社負担にてお取り替えいたします。
なお、この本についてのお問い合わせは生活文化第二出版部あてにお願いいたします。
定価はカバーに表示してあります。ISBN978-4-06-219171-5